O QUE OS CHINESES NÃO COMEM

XINRAN

# O que os chineses não comem

*Tradução*
Ricardo Gouveia

Copyright © 2006 by The good women of China Ltd.

*Título original*
What the Chinese don't eat

*Capa*
Rita da Costa Aguiar

*Imagens da capa*
Michael S. Yamashita/ Corbis/ LatinStock
Brooklyn Museum/ Corbis/ LatinStock

*Preparação*
Luis Dolhnikoff

*Revisão*
Carmen S. da Costa
Cláudia Cantarin

Dados Internacionais de Catalogação na Publicação (CIP)
(Câmara Brasileira do Livro, SP, Brasil)

Xinran, 1958-
    O que os chineses não comem / Xinran ; tradução Ricardo
Gouveia. — São Paulo : Companhia das Letras, 2008.

    Título original: What the chinese don't eat.
    ISBN 978-85-359-1222-7

    1. China — Usos e costumes  2. Crônicas  I. Título.

08-03399                                    CDD-390.00951

Índice para catálogo sistemático:
1. China : Usos e costumes  390.00951

[2008]
Todos os direitos desta edição reservados à
EDITORA SCHWARCZ LTDA.
Rua Bandeira Paulista, 702, cj. 32
04532-002 — São Paulo — SP
Telefone (11) 3707-3500
Fax (11) 3707-3501
www.companhiadasletras.com.br

# Sumário

Introdução, 9

*Sussurros chineses*, 15

*Onde o filho se destaca*, 22

*No Ocidente, um beijo é só um beijo*, 26

*Existe alguém no mundo que atenda aos cinco requisitos masculinos para ser uma boa mulher?*, 29

*Em um hotel quatro estrelas na China, a xícara de chá de uma mulher é a paga diária de outra*, 33

*"Os estrangeiros que adotam nossas meninas sabem como alimentá-las e amá-las em seus braços e corações?"*, 36

*Na China, deus é deus*, 40

*Agora que as chinesas sabem o que estavam perdendo, a dor é dura demais para suportar*, 43

*As tradições podem estar morrendo, mas forçar as crianças a lavar os pés dos pais não vai ajudar*, 46

*Os chineses ainda são obcecados em manter as aparências*, 49

*Honestidade chinesa é igual a verdade nua*, 52

*Se voar, nadar ou tiver quatro pernas mas não for uma mesa nem uma cadeira, os chineses comem*, 55

*Véspera de Ano-novo em Shanghai*, 59

*Shanghai tem uma nova face, mas por que a mulher que costumava limpar meus ouvidos tem um novo rosto?*, 62

*O Ano-novo chinês de repente me fez duvidar de quanto conheço de fato minha própria cultura*, 65

*Quando a maré subiu, os catadores de conchas telefonaram para suas famílias na China*, 68

*Posso ser chinesa, mas meu conhecimento ainda é apenas uma colher de chá no oceano que é a China*, 71

*De que servem a liberdade e a democracia para os pobres, se não se podem vendê-las a quilo?*, 75

*A história dos Guardas Vermelhos, do barqueiro esquecido e da gata que reuniu uma família*, 78

*Mudam milhões para uma nova cidade, movem montanhas inteiras... Os chineses são surpreendentes*, 81

*Vinte anos depois de ouvir falar nisso pela primeira vez, vi-me esquadrinhando uma rua chinesa à procura de um* HongDu-Dou, 85

*Os fantasmas de Qing-Zang*, 88

*Tarde da noite uma batida na porta — será a volta da Revolução Cultural?*, 93

*Se a etiqueta diz "made in China", a maioria dos chineses simplesmente não quer nem saber*, 97

*As meninas chinesas adotadas por ocidentais evidenciam um grande abismo cultural que precisa ser transposto*, 100

*Um par de galinhas inesquecíveis reforçou minha fé na bondade humana*, 103

*Uma história chocante em uma livraria da Nova Zelândia é uma lição de que o ódio é uma emoção que deve ser esquecida*, 107

*Os jovens não entendem a loucura e a dor da Revolução Cultural*, 110

*Meus amigos na China pedem-me para cuidar de seus filhos em visita — mas tenho de traçar um limite em algum lugar*, 113

*Coma-os, pesque-os ou olhe para eles em um aquário. Porém os peixes servem mesmo é para explicar a vida, 116*

*Eu pensava que não existiam bons homens chineses, até um breve encontro na estação de Paddington, 119*

*Adaptar-se à vida em Londres significa porco assado, meninas em roupas malcheirosas e atendimento automático de telefone, 122*

*Como a China abraçou todas as luzes brilhantes e a permissividade de uma alegre Missa Maluca, 125*

*Em 1976, um terremoto na China causou o dobro das mortes do tsunami, 128*

*Receber um cartão manuscrito nesta era de computadores é um dos grandes prazeres da vida, 131*

*Festa do Ovo Triunfante, Dia dos Maníacos Sexuais?, 134*

*O Ocidente arruinou a nossa autoconfiança anos atrás, 137*

*O abismo entre as pinturas ocidentais e as chinesas é tão largo quanto o que existe entre as duas culturas, 140*

*Como transpor o abismo entre a pintura chinesa e a ocidental, 143*

*Quando a arte chinesa encontra a cultura ocidental, um mundo secreto é revelado, 146*

*A China é a minha terra natal. Mas hoje em dia — nos bares, nos cafés, nas ruas —, algo se perde na tradução, 149*

*Ainda há estudantes na China para quem os bebês vêm dos umbigos das mães, 152*

*A sala de bate-papo dá às chinesas a chance de se abrir e expressar seus pensamentos, 156*

*Meias são um símbolo de status — isto significa que aquelas ocidentais de pernas nuas são todas caipiras?, 160*

*Não há sentido em se preocupar por estar abatido, 163*

*As crianças inglesas ensinaram-me que a China tem muito que aprender sobre o prazer de estudar, 166*

*Orelhas, lábios, dedos das mãos e dos pés: os homens chineses verificam tudo em busca da esposa ideal, 170*

*Ingleses "quebram o gelo" falando do tempo, mas os chineses preferem a comida,* 173

*Por que homens idosos, que precisam de bengala para andar, abrem as portas para mulheres saudáveis de meia-idade?,* 176

*Mesmo agora, muitos chineses acham impossível ver Mao como outra coisa além de uma presença sorridente,* 179

*O ataque cardíaco de minha mãe despedaçou nossos sonhos de finalmente conhecermos uma à outra,* 182

# Introdução

A primeira vez em que me deparei com o *Guardian* foi nos anos 1970, em um livro de pesquisa sobre a mídia estrangeira. Uma notinha seguia-se à introdução: "*The Guardian* é um jornal esquerdista, considerado um dos dez principais periódicos anticomunistas". A mídia chinesa, no entanto, de vez em quando usava um artigo do *Guardian* para ilustrar sua desaprovação à política externa de Margaret Thatcher, inclusive à Guerra das Malvinas.

O *Guardian* também estava em uma lista de publicações proibidas na estação de rádio onde trabalhei entre 1989 e 1997. A lista indicava quais jornais ocidentais atacariam a China, e neles jamais deveríamos acreditar. Assim, nunca pensei que eu, uma mulher chinesa — e uma reconhecidamente criada com um "colete à prova de balas" para me defender do *Guardian* e de sua influência —, teria um dia a oportunidade de escrever uma coluna quinzenal nesse jornal durante mais de dois anos.

Do que eu realmente gostava em ser colunista do *Guardian*? É uma pergunta difícil de responder, do mesmo modo como é difícil saber por que eu adoro queijo, quando a maioria dos chineses não gosta. A primeira coisa que me vem à cabeça é a impressão que tive dos lugares onde o pessoal do *Guardian* me levava para almoçar. Não eram restaurantes especialmente sofisticados ou esnobes — o que combinava com o meu nível de redação —, e uma mulher chinesa era sempre tratada como uma convidada bem-vinda; eram europeus, mas à vontade com diferentes culturas, e instigavam-me a escrever sobre as diferenças em relação à China; todos ofereciam sabores inesquecíveis, e sempre adorei minha comida. Cada refeição renovava minha energia para mergulhar nos meus conceitos chineses.

A segunda coisa tem a ver com os leitores masculinos de minha coluna. Desde a publicação de meus livros, *As boas mulheres da China* e *Enterro celestial*, em mais de trinta línguas, conheci muitas leitoras e admiradoras, porém poucos homens. Homens não lêem livros de mulheres, eu era constantemente informada em toda parte. Por quê? Porque a maioria acredita que somente mulheres sem mais nada para fazer — donas de casa e prostitutas, por exemplo — têm tempo para escrever livros. Também me disseram que os homens preferem ler jornais. Isto parece verdade, a julgar pelas reações que tive à minha coluna, maioria de homens e não mulheres. A primeira pessoa a me sugerir que eu publicasse as colunas em forma de livro foi um inglês. Ainda, as duas únicas pessoas que conheço a terem colecionado todas as colunas são um empresário australiano em Beijing e um jornalista alemão em Hamburgo. Naturalmente, isso foi para mim uma verdadeira oportunidade de aprender o que os homens pensam da cultura chinesa.

A terceira coisa de que gostei tem a ver com as reações de algumas das 100 mil famílias em todo o mundo que adotaram filhas chinesas.

Cara Xinran,

Minha filha tem sete anos. Eu a adotei quando ela tinha três. Tudo o que sei é que ela foi abandonada aos dezoito meses em Chengdu. Para cada criança que encontra um lar, há tantas que são deixadas para trás... Fico pensando em como será a vida para as meninas que crescem nessas instituições. E penso sempre na mãe biológica da minha filha, e me pergunto se ela traz um enorme vazio no coração por ter de viver sem essa criança maravilhosa. Não posso sequer imaginar a tristeza coletiva que todas essas mães biológicas devem sentir.

Você já entrevistou alguma dessas mulheres que foram forçadas a abrir mão de crianças por causa da lei de "um único filho"? Existe alguma possibilidade de escrever sobre suas histórias? Sei que todas as nossas filhas chinesas um dia estarão procurando por respostas.

Algumas famílias também me enviaram vídeos com as perguntas de suas filhas adotivas:

"Por que minha mamãe chinesa não me quis?"

"Minha mamãe chinesa sente saudades de mim?"

"O que é a cultura chinesa? Por que as pessoas dizem que ela é 'para viagem'?* Isso é verdade?"

Assim, além de procurar respostas em meus textos e em entrevistas feitos na China, entre 1989 e 1997, quando eu era apresentadora de rádio em Henan e Jiangsu, também organizei a Mothers' Bridge of Love [Ponte de Amor das Mães], uma instituição beneficente que tenta transpor a fenda entre a China e o resto do mundo, entre a cultura da terra natal de uma pessoa e a do seu lar atual, entre ricos e pobres. Rapidamente me tornei uma trabalhadora com um bocado de serviço duro a fazer, car-

---

* O sentido literal é "levar [comida] para viagem". (N. T.)

regando livros para eventos familiares, levantando fundos e até vestindo trajes típicos durante exibições de dança chinesa.

Cada coluna que eu escrevia levantava mais questões e evocava mais histórias nos meus leitores, levando-me à seguinte. Uma de minhas primeiras colunas começava descrevendo o meu primeiro beijo no rosto que recebi de meus alunos na Universidade de Londres. O que escrevo se baseia em minhas próprias experiências e visões, que foram temperadas pela cultura tradicional chinesa e pela China moderna. Escrevi sobre o que os chineses não comem; por que julgamos tão importante lavar os pés todos os dias; como a sabedoria chinesa sobre os peixes realmente me ajudou em minhas escolhas na vida; como meus conhecimentos chineses e meu modo de falar se perdem numa China em rápida transformação; sobre minhas conversas com uma vendedora de flores silvestres em Xian; sobre as punições pelo descobrimento dos Guerreiros de Terracota; sobre a loucura do futebol em minha estação de rádio e em casa; e sobre o que faz uma boa mulher aos olhos dos homens. Também escrevi sobre muitas de minhas entrevistas com mulheres chinesas: como algumas tentaram cometer suicídio, como outras estão lutando com a vida moderna — e também como encarar o sexo — e como umas ainda tratam Mao como um Deus chinês.

Foi Clare Margetson, a editora feminina do *Guardian*, que me iniciou no caminho para este livro. Na primavera de 2003, ela veio à minha sala para conversar sobre meu primeiro livro, *As boas mulheres da China*. Depois de apenas algumas palavras, abri meu coração. Ela orientou-me com eficiência sobre o que acreditava que os leitores ocidentais queriam saber da China, sem me deixar atordoada (freqüentemente ainda fico perdida em meio às gentis sugestões e orientações de ocidentais!). Em abril de 2005, Clare e eu viajamos juntas à China com um grupo de editores ocidentais, e foi em Nanjing que ela me fez a pergunta: "O que os chineses NÃO comem?".

O que os chineses não comem... Nunca havia pensado nisso. Mas sabia que existia um dito a respeito: tudo o que voa no céu e você pode ver, exceto aviões; tudo o que nada no rio e no mar, exceto submarinos; tudo o que tem quatro pernas sobre a terra, exceto mesas e cadeiras — é isto o que os chineses comem.

Desde que me mudei para Londres, em 1997, e viajei para mais de trinta países, foram-me feitas muitas perguntas como a de Clare:

"Existem piscinas na China?"

"Por que as mulheres chinesas usam meias no verão?"

"Os chineses fazem compras de Natal?"

"Por que os chineses são tão diferentes quando aparecem na mídia?"

"Por que os chineses nunca manifestam suas próprias opiniões em público?"

"Por que as mães chinesas sempre dizem que suas belas filhas são feias na China?"

"O que pensam os estudantes universitários chineses sobre de onde vêm os bebês?"

Este é um livro com as respostas de minhas colunas no *Guardian*, de uma mulher chinesa e mãe de um filho chinês, a algumas dessas perguntas.

Obrigada a vocês, do fundo do meu coração chinês — XieXie!

Xinran, 2006

# 2 de junho de 2003

*Sussurros chineses: quando a apresentadora de rádio Xinran recebeu uma carta pedindo que ajudasse a libertar uma menina-noiva chinesa de doze anos de idade, deu-se conta de quão pouco se sabia sobre a vida das mulheres em seu país. Assim, resolveu contar suas histórias no livro* As boas mulheres da China.

Em uma manhã de primavera de 1989, bem cedo, eu pedalava minha bicicleta Flying Pigeon pelas ruas de Nanjing e sonhava com meu filho PanPan. Os brotos verdes nas árvores, o hálito gelado das nuvens envolvendo os outros ciclistas, os xales de seda das mulheres ondulando ao vento primaveril, tudo se fundia com os pensamentos sobre meu filho. Eu o estava criando sozinha, sem a ajuda de um homem, e, sendo uma mãe que trabalha, cuidar dele não era fácil. No entanto, a cada jornada que eu empreendia, fosse longa ou curta — mesmo a rápida viagem até o trabalho —, ele me acompanhava em espírito e me dava coragem.

"Ei, grande apresentadora, olhe por onde anda!", gritou um colega quando entrei distraída no complexo da estação de rádio e tevê onde trabalhava.

Meu escritório ficava no 16º de um intimidante e moderno edifício de 21 andares. Eu preferia subir as escadas em vez de me arriscar no elevador pouco confiável, que enguiçava com freqüência. Quando cheguei à minha mesa, em meio à grande pilha de cartas, uma chamou-me imediatamente a atenção: o envelope havia sido feito com a capa de um livro, e trazia uma pena de galinha colada. Segundo a tradição chinesa, uma pena de galinha é sinal de desgraça imediata.

A carta era de um menino, e fora enviada de um vilarejo a cerca de 240 quilômetros de Nanjing.

Mui respeitada Xinran,

Ouço sempre os seus programas. Na verdade, todos em nossa aldeia gostam de ouvi-los. Mas não estou escrevendo para lhe contar como o seu programa é bom: estou escrevendo para lhe contar um segredo. Não é realmente um segredo, porque todos na aldeia já sabem. Há aqui um velho aleijado de sessenta anos que recentemente comprou uma jovem esposa. A menina parece muito jovem — acho que deve ter sido raptada. Isso acontece sempre por aqui, mas muitas meninas depois escapam. O velho tem medo de que sua esposa fuja, então ele prendeu uma corrente de ferro em volta dela. Sua cintura já está em carne viva por causa da corrente pesada — o sangue já impregnou sua roupa. Acho que isso vai matá-la. Por favor, salve-a.

O que quer que você faça, não mencione isso no rádio. Se os aldeões descobrirem, vão expulsar a minha família.

Que o seu programa se torne cada vez melhor.

Seu ouvinte leal,

Zhang Xiaoshuan

Essa foi a carta mais perturbadora que recebi desde que começara a apresentar meu programa vespertino de rádio, *Palavras à brisa da noite*, quatro meses antes. Durante a programação, discuti vários aspectos da vida cotidiana e usei minhas próprias experiências para ganhar a confiança dos ouvintes e sugerir maneiras de abordar as dificuldades da vida. O programa era uma novidade para todo mundo, inclusive eu mesma. Tinha acabado de me tornar uma apresentadora, e estava tentando fazer uma coisa jamais feita no rádio.

Desde 1949, a mídia era porta-voz do Partido. A rádio estatal, os jornais estatais e, depois, a televisão estatal forneciam as únicas informações a que o povo chinês tinha acesso, e falavam com uma única e idêntica voz. A comunicação com qualquer um fora do país parecia tão distante quanto um conto de fadas. Quando Deng Xiaoping começou o lento processo de "abertura" da China nos anos 80, tornou-se possível para os jornalistas, desde que corajosos, tentar implementar algumas mudanças sutis no modo como apresentavam as notícias. Também se tornou possível, embora talvez fosse ainda mais perigoso, discutir assuntos pessoais na mídia. Em *Palavras à brisa da noite* eu estava tentando abrir uma pequena janela, uma fresta estreita, para que as pessoas pudessem deixar seus espíritos bradar e respirar depois de quarenta anos de uma atmosfera carregada de pólvora.

A carta que recebi do menino Zhang Xiaoshuan foi a primeira a apelar por ajuda prática, e me deixou perplexa. Reportei-me ao chefe da minha seção e perguntei o que deveria fazer. Ele sugeriu, com indiferença, que eu contatasse a delegacia local. Fiz então uma chamada telefônica e despejei a história de Zhang Xiaoshuan.

O policial do outro lado da linha disse para eu me acalmar. "Esse tipo de coisa sempre acontece. Se todo mundo reagisse como você, morreríamos de tanto trabalhar. De qualquer jeito, é um caso sem esperança. Temos pilhas de ocorrências aqui, e nossos recursos humanos e financeiros são limitados. Eu, se fosse você, pensaria duas vezes antes de me meter nisso. Aldeões como esses não têm medo de ninguém nem de nada; mesmo se aparecêssemos por lá, eles queimariam nossas viaturas e espancariam nossos policiais. Eles são capazes de coisas incríveis para se assegurar de que suas linhagens serão mantidas, de forma a não pecar contra seus ancestrais deixando de produzir um herdeiro."

"Então", eu perguntei, "você está me dizendo que não vai assumir a responsabilidade por essa menina?"

"Eu não disse que não, mas..."

"Mas o quê?"

"Mas não há necessidade de correr, podemos fazer isso passo a passo."

"Você não pode deixar alguém morrendo passo a passo!"

O policial deu uma risadinha. "Tudo bem, Xinran, venha até aqui. Eu vou ajudá-la." Ele soou como se estivesse fazendo-me um favor, e não cumprindo seu dever.

Fui direto para o seu escritório. "No campo", ele disse, "o céu é alto e o imperador, distante." Em sua opinião, ali a lei não tinha força. Os camponeses temiam apenas as autoridades locais, que controlavam seus suprimentos de pesticidas, de fertilizantes, de sementes e de implementos agrícolas. O policial estava certo. No fim, foi o chefe do armazém de suplementos agrícolas do vilarejo que conseguiu salvar a menina, ameaçando cortar o fornecimento de fertilizantes aos aldeões caso não a libertassem.

Três policiais levaram-me ao vilarejo em uma viatura. Quando chegamos, o chefe da aldeia teve de abrir caminho para nós entre os aldeões, que sacudiam os punhos e nos insultavam. A garota tinha apenas doze anos de idade. Nós a tiramos do velho, que chorou e praguejou amargamente. Não me atrevi a perguntar pelo menino de escola que me escrevera. Eu queria agradecer-lhe, porém o policial me dissera que, se os aldeões descobrissem o que ele havia feito, poderiam assassiná-lo e à sua família.

A menina foi enviada de volta à sua família em Xining — uma viagem de vinte e duas horas de trem desde Nanjing —, acompanhada por um policial e de alguém da estação de rádio. Descobriu-se que seus pais haviam contraído uma dívida de cerca de 10 mil yuans procurando por ela.

Não recebi elogios por salvar a menina, apenas críticas por

"movimentar os policiais de um lado para o outro e incitar as pessoas", além de desperdiçar tempo e dinheiro da estação de rádio. Fiquei bem abalada com essas queixas. Uma garotinha estava em perigo, e no entanto ir em seu socorro foi interpretado como "exaurir o povo e dilapidar o tesouro". Qual era exatamente o valor da vida de uma mulher na China?

A pergunta passou a perseguir-me. A maioria das pessoas que me escrevia era de mulheres. Suas cartas eram freqüentemente anônimas, ou então assinadas por um pseudônimo. Muito do que diziam me chocava profundamente. Eu acreditava que compreendia as mulheres chinesas. Lendo suas cartas, dei-me conta de quanto essa suposição estava errada. Minhas camaradas mulheres estavam vivenciando problemas e vivendo vidas que eu jamais imaginara.

Muitas das perguntas que me faziam estavam ligadas à sua sexualidade. Uma mulher queria saber por que seu coração batia mais rápido quando esbarrava acidentalmente em um homem no ônibus. Outra perguntava por que desandava a suar quando um homem tocava sua mão. Durante muito tempo, qualquer discussão sobre questões sexuais fora proibida, e todo contato físico entre um homem e uma mulher que não fossem casados levava à condenação pública — visto como provocação — ou até à prisão. Mesmo entre marido e mulher uma conversa de alcova poderia ser usada como evidência de comportamento criminoso e, em disputas familiares, as pessoas freqüentemente ameaçavam denunciar seus parceiros à polícia por causa disso. Como resultado, duas gerações de chineses cresceram com seus instintos naturais em desordem.

Eu mesma já fui ignorante a ponto de, aos vinte e dois anos, recusar-me a dar a mão a um professor numa festa com fogueira por medo de engravidar. Meu conhecimento acerca da concepção fora extraído de uma frase em um livro: "Eles deram-se as mãos sob a luz do luar... Na primavera, tiveram um saudável bebê". Vi-me querendo saber muito mais sobre a vida íntima das mulheres chinesas, e decidi começar pesquisando seus diferentes antecedentes culturais.

O velho Chen foi a primeira pessoa a quem falei de meu projeto. Ele havia sido jornalista durante muito tempo e era bastante respeitado. Eu o consultava freqüentemente sobre o meu trabalho, em respeito à sua idade, mas também para me beneficiar de sua grande experiência. Dessa vez, no entanto, sua reação me surpreendeu. Ele sacudiu a cabeça e disse: "Ingênua!".

Fui pega de surpresa. Estaria errada? Por que seria tão ingênuo querer compreender as mulheres chinesas?

Contei a um amigo que trabalhava na universidade sobre a advertência do "Velho Chen".

"Xinran", ele disse, "você alguma vez já esteve numa fábrica de pão-de-ló?"

"Não", respondi, confusa.

"Bem, eu estive. Por isso nunca como pão-de-ló." Ele sugeriu que eu tentasse visitar uma fábrica, para entender o que queria dizer.

O gerente não sabia por que eu viera, mas ficou impressionado com minha dedicação ao trabalho: disse que nunca tinha visto um jornalista acordar tão cedo para reunir material. Ainda não estava completamente claro: sob a luz pálida das lâmpadas da fábrica, sete ou oito operárias quebravam ovos em um grande recipiente. Bocejavam e limpavam a garganta com um horrível ruído de pigarro. O som das cuspidas intermitentes deixou-me desconfortável.

Quando deixei a fábrica, lembrei-me de algo que um companheiro jornalista certa vez me dissera: as coisas mais sujas do mundo não são banheiros ou esgotos, mas fábricas de alimentos e cozinhas de restaurantes. Resolvi nunca mais comer pão-de-ló, porém não consegui descobrir como o que eu tinha visto se relacionava com a minha busca em entender as mulheres.

Liguei para o meu amigo, que pareceu desapontado com a minha falta de percepção.

"Você viu pelo que passam aqueles lindos e macios doces para se transformar no que são. Se você tivesse olhado para eles apenas na vitrine, nunca saberia. E no entanto, embora agora você possa descrever o quanto a fábrica é mal administrada, e como ela transgride os regulamentos de saúde, você acha que isso vai impedir as pessoas de comer pão-de-ló? É a mesma coisa com as mulheres chinesas. Mesmo que você consiga ter acesso a seus lares e suas lembranças, seria capaz de julgar, ou de mudar as leis pelas quais elas vivem suas vidas? Além disso, quantas mulheres estarão realmente dispostas e abrir mão de sua autoestima e falar com você? Receio ter de achar que seu colega é, sem dúvida, sensato."

Excerto editado de *As boas mulhers da China*.

# 11 de julho de 2003

*Onde o filho se destaca. Ela é um ícone na China, uma jornalista pioneira e a primeira consultora sentimental do rádio em seu país. Em 1997, muda-se para Londres, para registrar em um livro as histórias comoventes que ouvira. Na primeira coluna quinzenal, Xinran descobre por que, para tantos chineses, um menino vale mais do que uma menina.*

Meses atrás, tomei café e bati papo com uma amiga, que comentou que um amigo seu andava infeliz pelo fato de a mulher estar grávida de uma menina. Isto significava que a primeira semente de sua família não tinha sido bem plantada. Ao escutar isso, mal pude acreditar em meus ouvidos: "Ele é inglês? Um ocidental moderno e instruído?". "Inteiramente", ela respondeu. A surpresa me fez pensar: então, idolatrar os homens e degradar as mulheres não era uma característica chinesa, ou um problema de países em desenvolvimento. O tempo, a civilização e a modernidade trouxeram progresso para o mundo, mas não garantiram educação e conscientização a todos no século XXI.

No lançamento do meu livro, uma repórter de uma revista feminina trouxe-me um artigo de jornal sobre o desequilíbrio dos sexos entre os jovens na China: ela esperava que eu escrevesse sobre a minha visão pessoal do assunto. Não costumo ler jornais quando estou cercada de buquês de flores e de vinhos finos: primeiro, o vinho pode fazer as palavras do jornal "ficarem duplas"; depois, os bilhetes de congratulações nos buquês são capazes de transformar uma pessoa qualquer num expert universal. Mas todas as minhas determinações evaporaram quando li a manchete: "Homens chineses não conseguem encontrar esposas". Seria verdade? Nós chineses estaríamos realmente ameaçados de um rompimento da descendência?

Quando cheguei em casa, com as luzes ainda brilhando em milhares de lares ingleses, todos os meus amigos chineses já estavam dormindo, sonhando os sonhos de uma noite de verão em Nanjing. Mal pude conter meu coração agitado e meus dedos impacientes.

Às duas da madrugada, liguei para uma amiga que trabalha em uma importante repartição governamental. Seu jeito ao telefone foi direto.

"Xinran, você ainda é tão incorrigivelmente ingênua, tão facilmente dominada pela propaganda da mídia ocidental... É verdade que para muitos homens formados, especialmente nas regiões mais desenvolvidas, a falta de poder ou de dinheiro significa que é difícil encontrar uma esposa. Há muito poucas moças nas cidades, e a qualidade das garotas do campo é baixa demais. Mas não há como contornar isso. Nós controlamos a explosão populacional, porém não temos meios de impedir as pessoas de tentar escolher o sexo de seu filho, a fim de 'manter acesa a chama da família'. Nas grandes cidades, a proporção de vinte meninos para cada menina é muito, muito maior do que os seis para um com que originalmente contávamos. É claro que o governo tem uma política firme contra isso. Nós tínhamos uma antes e temos uma agora. Mas quantas pessoas realmente tomam conhecimento? Quem pode resistir aos valores tradicionais, e a pais que acreditam que a propriedade é 'um encorajamento e uma recompensa para filhos e netos'? Você sabe, Xinran, jornalistas descobrindo problemas e governos resolvendo-os são duas coisas bem diferentes. Enviamos muitos funcionários para explicar ao povo no nível mais baixo que não existe distinção entre os sexos nas nossas políticas econômicas e fiscais, e que, se tivermos um desequilíbrio na população, 'a chama se apagará' para todos. Bandos de camponeses chegaram a arrasar as casas de famílias que tinham seis filhas e ainda queriam ter um filho. Mas se você olhar para os banquetes que são oferecidos com o nascimento de um menino, e as perdas pessoais e os divórcios que resultam do nascimento de uma menina, ficará claro que, quanto ao comportamento humano, 'é mais fácil se livrar das folhas que das raízes'. O que se há de fazer? Relaxar a política de controle populacional? Xinran, será que a assim chamada civilização ocidental a transformou em uma idiota? Você sabe que nós sempre permitimos um nascimento extra no campo, às vezes até três. Nas grandes cidades, porém, só pode haver a mais rigorosa implementação da política de um único filho, e é por isso que os rapazes não conseguem encontrar esposas. Mas poderiam as poucas cidades desenvolvidas, com seu desenvolvimento econômico limitado, suportar tantos camponeses empobrecidos? Se a China ficar como a Somália ou o Sudão depois de relaxarmos a política de controle populacional, o que vamos fazer? As gerações futuras não amaldiçoarão nosso nome? É melhor ter jovens com problemas para encontrar uma esposa do que deixar futuras gerações de mulheres sem nada com que alimentar ou vestir suas crianças. Não se aborreça sem motivo, Xinran. Nós, chineses, não ficaremos sem um futuro, as pessoas aprendem melhor com as próprias dificuldades. Sim, sim, eu concordo com você, o preço dessa lição é alto demais, e doloroso demais... O seu filho PanPan está bem? Não se preocupe, você poderá ter a minha filha como nora, nós temos a 'menina de ouro' que todo mundo quer. E como vai indo o seu livro? Os estrangeiros acreditam nele? Para ser franca, as mulheres chinesas de poucas gerações antes da nossa tiveram uma vida tão dura que nem seus próprios filhos ousam acreditar. Bem, você tem que dormir. E eu preciso ir a uma reunião. Obrigada."

Quando desliguei o telefone, subitamente senti uma enorme distância entre a China e o mundo. A China vinha avançando rumo ao presente a passos tão largos que não teve tempo de avaliar o panorama histórico, ou de pensar em seus companheiros de viagem através da história, nem sequer de considerar se não deveríamos dar um descanso aos nossos corpos cansados da batalha, depois de nos exaurir com conflitos internos e externos nos últimos cem anos.

Quando peguei minha caneta e escrevi o que tinha aprendido, descobri que não havia ali nenhuma das minhas próprias visões, mas que tudo o que eu queria dizer já estava lá. Pensei naquele cavalheiro inglês que queria ter um filho: talvez ele acredite na visão tradicional chinesa de que "existem três tipos de comportamento não filial, dos quais o pior é não ter herdeiros". No entanto, ele sem dúvida precisava da filha de alguém para lhe dar um filho.

# 25 de julho de 2003

*No Ocidente, um beijo é só um beijo. Se ao menos isso fosse verdade no lugar de onde vim.*

Sou uma mulher chinesa. Segundo nossos costumes, que são muito reservados, nós não nos beijamos. As únicas exceções são com crianças pequenas e entre casais na cama. Dois anos atrás, quando ensinava cultura chinesa na Universidade de Londres, disse aos meus alunos: "Por favor, não me beijem. Sou chinesa, e não estou acostumada a ser beijada". Mas minha reserva chinesa tradicional seria derrubada por eles no espaço de uma hora.

Era meu aniversário, e eu dava um curso de verão. Estava atrasada, o que não era habitual, pois sempre gostei de ser a primeira pessoa na classe, para poder dizer "olá" aos meus alunos um por um, ao chegarem para a aula. Quando entrei apressada, todos já estavam lá, todos os vinte e dois, e todos, em vez de sentados, parados em pé junto à porta. De repente, avançaram para mim e beijaram-me no rosto, um por um. "Feliz aniversário, Xinran!", eles disseram. Eu sabia que não devia reclamar quando me deram beijos de presente de aniversário, porém tínhamos de começar a aula imediatamente, pois tinha muito para ensinar num curso tão breve.

Durante a aula, senti que alguma coisa estava acontecendo com meus alunos, mas não consegui descobrir do que se tratava enquanto me dedicava à lição. Quarenta e cinco minutos depois, no final do horário, um aluno levantou-se e disse:

"Xinran, você não gostaria de ir ao banheiro?"

"O quê? Por quê? Ora, vamos, isso é um assunto meu. Não preciso que vocês me façam sugestões sobre o banheiro, preciso?"

Mais e mais vozes se manifestaram.

"Vamos, Xinran, você devia ir e relaxar no dia do seu aniversário!"

"O que há de errado com vocês?" Eu estava totalmente perdida.

Eles começaram a rir, e estavam com caras muito estranhas.

"O.k., eu vou! Não posso acreditar que vocês estão forçando sua professora a ir ao banheiro no dia do aniversário dela!" Achei que não iriam se acalmar a não ser que eu fosse.

Enquanto atravessava um longo corredor cheio de outros estudantes, mais risadas acompanharam meus passos.

"Oh, meu Deus!" Vi-me, afinal, no espelho. Meu rosto estava coberto de marcas coloridas de beijos; haviam estado ali durante os quarenta e cinco minutos em que fiquei lecionando para meus alunos de lábios pintados.

Voltei para a classe aos prantos. Meus alunos aguardavam-me em silêncio. Plantei-me ali e os encarei sem nenhum som, enquanto eles me olhavam intensamente. Depois de um longo tempo em silêncio, eu disse: "Venham até aqui e me deixem beijá-los. Agora é a minha vez". Eu os beijei um por um com muita gratidão e amor, do fundo do meu coração.

Desde então, tenho me deleitado com essa bela linguagem corporal do Ocidente — mas só no Ocidente, nunca na China.

Minha vizinha, depois de ouvir essa história, perguntou: "Mas o que há de errado em beijar?".

No Ocidente, ninguém consegue acreditar que o ato de beijar custou a vida a muitas mulheres chinesas. Quando trabalhava como apresentadora de rádio em Shanghai, recebi certa vez um bilhete de suicídio de uma jovem de dezenove anos. Ela escreveu:

Cara Xinran,

Por que você não respondeu minha carta? Não percebe que eu tinha de decidir entre a vida e a morte?

Eu o amo, mas nunca fiz nada de mal. Ele nunca tocou o meu corpo, mas um vizinho o viu me beijar na testa, e disse para todo mundo que eu era uma mulher má. Minha mãe e meu pai estão tão envergonhados...

Amo demais meus pais. Desde pequena, sempre esperei que tivessem orgulho de mim, e ficassem felizes por ter uma filha bonita e inteligente, em vez de se sentirem inferiores por não terem um filho.

Agora os fiz perder a esperança e a dignidade. Mas não sei o que fiz de errado. Certamente o amor não é imoral, nem ofensivo à decência pública.

Escrevi a você para perguntar o que fazer. Pensei que você poderia me ajudar a explicar as coisas para os meus pais. Mas até você me virou as costas.

Ninguém se importa. Não há razão para continuar vivendo. Adeus, Xinran. Eu amo e odeio você.

Sua ouvinte leal, Xiao Yu.

Três semanas mais tarde, depois que ela morreu, a primeira carta de Xiao Yu implorando ajuda finalmente chegou.

# 8 de agosto de 2003

*Existe alguém no mundo que atenda aos cinco requisitos masculinos para ser uma boa mulher?*

Quando fazia meu programa de rádio atendendo a telefonemas, recebia muitas chamadas e cartas queixando-se de como era difícil ser uma boa mulher. Eu queria saber a razão, então me dediquei a pesquisar um pouco. Fiz, assim, duas perguntas aos meus ouvintes masculinos: 1) Quantas boas mulheres existiram na sua família? 2) Qual é sua visão de uma boa mulher?

Três semanas depois, tinha recebido cerca de mil respostas. Menos de vinte delas diziam ter havido uma boa mulher em suas vidas. Fiquei chocada. Não conseguia entender o porquê — até ler os cinco requisitos para uma boa mulher que eles forneceram em suas cartas.

Uma boa mulher, segundo eles, devia: 1) nunca expressar seus pontos de vista em público; 2) gerar um menino para a árvore genealógica do marido; 3) jamais perder a serenidade, ser sempre delicada e sorrir para os seus homens; 4) não queimar a comida nem manchar as roupas; 5) ser boa de cama e ter boa aparência.

Eu não conseguia e ainda não consigo imaginar quantas mulheres neste mundo se adequariam a tal padrão. Dei-me conta de que eu, por exemplo, certamente não era uma boa mulher aos olhos da maior parte dos homens chineses. Por ter um *talk show* muito conhecido, eu era "aberta demais para ser boa".

Nesse ponto, achei que devia haver algo de errado com a cultura e a educação chinesas, incapazes de ver homens e mulheres como iguais. Então, no ano passado, conheci um homem chinês que fora criado no Ocidente. Perguntei-lhe qual era sua visão de uma boa mulher. Sua resposta foi exatamente a mesma dos homens chineses não criados no Ocidente.

Percebi que nenhum diploma ou Ph.D. poderia mudar uma visão tradicional. Acaso percebemos, perguntei-me, quão alto é o preço que as mulheres que desejam ser boas pagam por essa avaliação?

Em 1990, alguém me enviou o diário de uma menina chinesa agonizante. Seu pai abusara dela. Quando pediu ajuda à mãe, ela disse-lhe para "ficar quieta", caso contrário as pessoas iriam chamá-la de "mulher má". O único modo de a pobre menina evitar os ataques do pai e ainda "ser uma boa moça" era ferir-se de modo a ser mandada a um hospital, onde estaria segura. Um dia ela descobriu que o toque de uma mosca era tão mais belo do que o de um humano que tentou manter a mosca como animal de estimação. Estava tão assustada com a idéia de ser mandada de volta para casa que se matou esfregando uma mosca morta num corte no braço. Seu nome era Hong-Xue. Tinha dezessete anos.

Em 1995 pediram-me ajuda. Um casal do campo não conseguia ter um bebê. Cerca de três anos já se haviam passado. Eu mal pude acreditar nas razões que eles me deram: jamais haviam tocado um no outro durante o casamento.

Perguntei ao homem:

"Você alguma vez teve vontade de tocar em sua mulher?"

"Sim, o tempo todo."

"E por que não fez isso?"

"Eu quero ser um bom homem." Sua voz era muito baixa.

"Você sabe a diferença entre um 'marido' e um 'homem' com uma mulher?" Ele não disse nada.

Voltei-me para sua mulher:

"Você alguma vez teve vontade de ser abraçada e beijada por ele?"

"Por que você me pergunta isso? Eu sou uma boa mulher, como todo mundo em nossa aldeia sabe." Aos olhos dela, pude ver que eu era uma "mulher má".

Perguntei de um modo mais diplomático:

"Você sabe de onde você veio?"

Ele me olhou como se eu fosse idiota: "Dos meus pais".

"Você sabe por quê, e como?"

"Eles dormiam juntos."

"Você acredita que eles ficavam lá deitados sem tocar um no outro?"

"Como eu haveria de saber? Por que você me pergunta dessas coisas de tarado?" Agora eu podia ver a raiva em seus olhos.

"O.k., o.k., você sabe como os porcos e galinhas produzem os seus bebês?" Senti-me muito pesarosa por perguntar isso a ela, porém era preciso.

"É claro! Mas eles são animais, e nós somos..." Ela não terminou a frase.

"Sim, nós também somos uma espécie de animal." Eu estava segura de que agora ela entendera. Para me certificar, fiz um desenho mostrando a eles o que deve acontecer quando um casal casado dorme junto. Nenhum deles olhou para o desenho, mas o pegaram e saíram. Dezoito meses depois, vieram visitar-me com seu adorável menino.

Acho que se uma mulher sabe como amar, como sentir amor e como tentar amar, ela é uma boa mulher.

Aliás, fiz a mesma pergunta a homens ocidentais o ano passado. Eles só diferem em um ponto: uma boa mulher não precisa gerar um menino para a árvore genealógica da família — porém ela precisa ser linda e inteligente. Ainda mais requisitos que os dos homens chineses! Será então possível ser uma boa mulher?

# 29 de agosto de 2003

*Em um hotel quatro estrelas na China, a xícara de chá de uma mulher é a paga diária de outra.*

Eu estava no café do segundo andar do Grande Hotel Central de Nanjing no ano passado, aguardando o diretor de minha antiga estação de rádio. Estava com toda a atenção concentrada na minha leitura quando uma voz falou ao meu ouvido: "Você é Xinran?". Uma arrumadeira estava em pé à minha frente. Polia um ofuscantemente brilhante corrimão de metal com um pano, mas seus olhos estavam fixos em mim.

"Sim, sou eu. Há alguma coisa que eu possa fazer por você?"

"Não, nada. Eu só queria lhe dizer que a xícara de chá que você está tomando custa tanto quanto a minha família inteira ganha por dia." Voltou-me as costas e foi embora.

Fiquei estupefata. Aquela xícara de chá custara quinze yuans (£1.15), e era a bebida mais barata no hotel quatro estrelas. Não sou rica. Em um lugar como aquele, só podia beber chá, mas ela havia dito que eu estava bebendo a renda diária de sua família inteira. A mulher da limpeza e suas palavras ficaram em minha mente.

Dois dias depois, parei-a polidamente quando ela saía pela porta dos fundos do hotel. "Vi que você já estava trabalhando às seis horas esta manhã", eu disse. "Esse é um trabalho realmente pesado."

"Não é nada. Já estou acostumada. Há pessoas que adorariam encontrar um trabalho pesado como este e não conseguem!" Ela contou que vinha trabalhando oito horas por dia no hotel durante a maior parte de um ano.

"É cansativo?", perguntei.

"Como poderia ser diferente? Há muitas arrumadeiras neste hotel — você poderia não achar que há muitas coisas para uma pessoa fazer, mas ninguém entre nós se atreve a parar e descansar, e depois de oito horas estamos cansadas demais para nos mexer. Mas meu filho, meu marido e duas pessoas idosas precisam comer, então tenho de ir ao mercado comprar verduras, preparar o jantar e fazer o trabalho doméstico."

Ela disse que nenhuma das arrumadeiras tirava a meia hora de intervalo a que tinham direito, porque estavam com medo. "Ganhamos só quinze yuans por dia, e somos pagas por dia. Não posso tirar nem os fins de semana. Mas foi muito difícil conseguir este emprego. Meu marido foi demitido. Se nenhum de nós fizer nada, o que a família vai comer, e como vamos mandar a criança para a escola?"

Eles precisariam de uma enorme quantia de dinheiro para mandar o filho, de seis anos de idade, para a escola no ano seguinte, ela disse.

"Não existe agora um sistema de educação compulsória?", perguntei.

"Está nos jornais que existe educação compulsória, mas que escola não exige taxas de manutenção? São pelo menos 4 mil a 5 mil yuans — 10 mil para algumas —, e nada de escola se você não pagar. Mas como uma criança pode se arranjar sem escola?"

Perguntei a ela se gostava do seu trabalho. "Que importa? Me dei bem conseguindo este serviço, e tantos não conseguem nem isso... Você vai para a agência de empregos e vê toda aquela gente procurando trabalho. As pessoas que procuram emprego estão tão desesperadas que, se entra um empregador, se atracam com ele. Há gente demais hoje em dia. Eu consegui alguém que arranjou [este serviço] para mim. Os primeiros três meses de salário não foram suficientes para cobrir o 'agenciamento'. E eu tenho uma vantagem — sou jovem. Tristes são as mulheres de quarenta e cinqüenta anos que perdem os empregos: as pessoas que procuram trabalhadores acham que elas são velhas demais. O pessoal dos seguros diz que não é econômico segurar pessoas mais velhas. É horrível para as mulheres demitidas — todas essas pessoas jogadas na beira da estrada como tijolos quebrados. Você não pode erguer uma parede com eles, pode no máximo usá-los para encher as valas ao lado da estrada, mas a maioria não passa de entulho que precisa ser amontoado." Ela disse que seu marido não encontrou outro emprego. "Ele prefere morrer a fazer todos aqueles trabalhos indignos. Você conhece os homens, estão sempre pensando em sua dignidade. Mas a vida já é bastante difícil, se você não passar a ferro suas próprias caretas, ninguém vai fazer isso por você." Disse a ela que sentia muito. "Não se preocupe. Nós somos diferentes. Você vive para as coisas agradáveis da vida, eu vivo porque não tenho escolha. Adeus."

Caminhando pelas ruas de Londres, observando as mulheres a se deleitar com suas compras, muitas vezes penso naquelas mulheres da China, vivendo "porque precisam". Meu único consolo é que na China muitas mulheres sabem como "passar a ferro" as "caretas" da vida.

Se a minha xícara de chá é um dia de salário de uma mulher trabalhadora, então, quantos dias de salário os grandes homens de negócios e os altos funcionários, que se sentam todos os dias em restaurantes para devorar montanhas de iguarias e frutos do mar, gastam com um novo menu a cada dia? Qual explicação pode haver para isso em um sistema cujo lema é "nivelar as diferenças entre ricos e pobres"?

Traduzido para o inglês por Esther Tyldesley

# 19 de setembro de 2003

*"Os estrangeiros que adotam nossas meninas sabem como ali-
mentá-las e amá-las em seus braços e corações?"*

Recentemente recebi um e-mail: já teria eu entrevistado alguma mulher que fora forçada a abrir mão de crianças por causa da lei de "um único filho", que entrou em vigor na China em
1981? Sim, muitas.

Uma lembrança especialmente dolorosa se destaca. Era
1990. Em uma fria manhã de inverno, passei por um banheiro
público em Zhangzhou. Uma multidão ruidosa formara-se em
volta de uma pequena sacola de roupas que jazia ao vento na en-
trada. As pessoas apontavam e gritavam: "Olhem, olhem, ainda
está viva!".

"Viva? Seria outra recém-nascida abandonada?" Forcei passagem pela multidão e recolhi aquela trouxinha: era uma menininha de apenas alguns dias. Estava azul de tão gelada, e o pequenino nariz tremia. Implorei por ajuda: "Temos de salvá-la, ela
está viva!".

"Mulher estúpida, você sabe o que está fazendo? Como você
poderia se arranjar com essa pobrezinha?"

Eu não podia ficar esperando por ajuda. Levei o bebê ao

hospital mais próximo. Paguei pelos primeiros socorros, mas ninguém ali parecia estar com muita pressa de salvar aquela recém-nascida agonizante. Tirei um gravador de fita da minha mochila e comecei a reportar o que via. Aquilo funcionou: um médico parou e levou o bebê para a sala de emergência.

Enquanto eu aguardava do lado de fora, uma enfermeira disse: "Por favor, perdoe nossa frieza. Há bebês abandonados demais para nós cuidarmos. Ajudamos mais de dez, mas depois, ninguém queria se responsabilizar pelo futuro deles".

Transmiti a história da menina no meu programa de rádio naquela noite. As linhas telefônicas foram tomadas por chamadas de ouvintes, tanto iradas quanto solidárias.

Dez dias depois, recebi uma carta de um casal sem filhos. Eles queriam adotar a bebê. Naquele mesmo dia, na minha secretária eletrônica, ouvi uma voz chorosa: "Xinran, eu sou a mãe da menininha. Ela nasceu apenas quatro dias antes de você salvá-la. Muito obrigada por levar minha filha ao hospital. Eu a observei na multidão, com o coração partido. Eu a segui e fiquei sentada do lado de fora da sua estação de rádio o dia inteiro. Muitas, muitas vezes eu quase gritei para você: 'Aquela é a minha filhinha!'. Sei que muita gente me odeia. Eu me odeio ainda mais. Mas você não sabe como é difícil a vida no campo para uma menina que é a primeira criança de uma família pobre. Quando eu via seus pequenos corpos maltratados pelo trabalho duro e por homens cruéis, prometi que não deixaria minha menina viver uma vida tão sem esperança. O pai dela é um bom homem, mas não podemos ir contra a família e a aldeia. Temos de ter um menino para a árvore genealógica da família... Oh, meu dinheiro está acabando, só restam dois minutos, isto sai tão caro. Não sabemos ler nem escrever. Mas se você puder, por favor, diga algum dia à minha menina para se lembrar de que, não importa como seja sua vida, meu amor viverá no seu sangue e minha voz no seu coração.

[Neste ponto, pude ouvi-la chorar.] Por favor, peça à sua nova família que a ame como se ela fosse sua filha de verdade. Vou rezar por eles todos os dias e...”

A mensagem interrompeu-se. Três meses depois, mandei a menininha para a sua nova família — uma professora e um advogado — com seu novo nome, Better.* A mãe de Better nunca mais ligou.

Comecei a procurar por outras mães que tivessem abandonado as filhas. Nesta primavera, falei com algumas perto das margens do rio Yangtze. Elas não queriam descobrir onde estavam os filhos? “Prefiro sofrer com este buraco escuro dentro de mim se isto significa que ela pode ter uma vida melhor. Não quero atrapalhar a vida da minha filha”, disse uma. “Estou muito satisfeita porque uma pessoa rica ficou com a minha filha; ela tem o direito de viver uma boa vida”, disse outra. Uma delas perguntou-me: “Você acredita que esses estrangeiros que adotam as nossas meninas sabem como alimentá-las e amá-las em seus braços e corações?”.

Dois dias atrás, encaminhei o e-mail abaixo ao meu assistente Leo, na China, com uma mensagem: “Poderíamos fazer alguma coisa pelas mães das nossas menininhas chinesas?”. Leo respondeu: “Sim! Dê às mães o nosso endereço de e-mail. Vamos tentar construir uma ponte de informações para as nossas meninas entre o Ocidente e a China”.

Cara Xinran,

Minha filha tem sete anos. Eu a adotei quando ela tinha três. Tudo o que sei é que ela foi abandonada aos dezoito meses em Chengdu. Para cada criança que encontra um lar, há tantas que são deixadas para trás... Fico pensando em como será a vida para as

---

* Em inglês no original: ou seja, “A melhor”. (N. T.)

meninas que crescem nessas instituições. E penso sempre na mãe biológica da minha filha, e me pergunto se ela traz um enorme vazio no coração por ter de viver sem essa criança maravilhosa. Não posso sequer imaginar a tristeza coletiva que todas essas mães biológicas devem sentir.

Você já entrevistou alguma dessas mulheres que foram forçadas a abrir mão de crianças por causa da lei de "um único filho"? Existe alguma possibilidade de escrever sobre suas histórias? Sei que todas as nossas filhas chinesas um dia estarão procurando por respostas.

Sinceramente, Kim Giuliano, Estados Unidos.

# 3 de outubro de 2003

*Na China, deus é deus. Ou possivelmente um imperador. Ou um líder comunista. Ou um marido rural.*

Recebi um e-mail de um irlandês na semana passada. Ele contou que tinha uma namorada chinesa muito bonita e com um temperamento bastante afável. Mas não podia entender por que ela reza diante de Buda todas as noites em casa e vai à igreja católica aos domingos. Ele tentou seriamente imaginar como essas duas religiões podem se coadunar em sua alma, mas não conseguiu. Perguntou-me então se havia algo de errado com sua namorada.

Minha resposta é: ela é perfeitamente normal. Não é a única que tem duas crenças. Existe mesmo uma grande quantidade de boas mulheres chinesas que acreditam em todas as religiões do mundo. Durante minhas pesquisas na China, entre 1989 e 1997, vi e ouvi muitas chinesas que estavam lutando para "pôr em dia" suas crenças depois que a liberdade religiosa fora declarada em 1983. A maioria dos chineses que rezam fazem isto apenas para pedir riqueza ou outros benefícios.

Conheci uma mulher chinesa que tinha um avô budista e outro taoísta. Os dois estavam constantemente discutindo. Longe das varetas de incenso, a mulher colocou uma cruz. Os avós a repreendiam constantemente por isso, dizendo que ela os estava amaldiçoando com uma morte prematura. A mãe da moça acreditava em alguma forma de *qigong* [um tipo de exercício meditativo semelhante ao *tai chi*] e o pai, no deus da fortuna. Eles também estavam sempre brigando: a mulher dizia que o desejo de dinheiro do homem havia prejudicado sua situação espiritual, e o homem acusava as más influências da mulher de atacar seu bem-estar. O pouco dinheiro que a família possuía era gasto em rituais religiosos e imagens sagradas, mas eles não ficaram nem mais ricos nem mais felizes.

Outra mulher que conheci era tida como muito religiosa. Em pronunciamentos públicos, aclamava o Partido Comunista como a única esperança da China; uma vez longe do pódio, pregava o budismo, dizendo às pessoas que seriam recompensadas em sua próxima vida de acordo com seus atos nesta. Quando o vento mudava, ela disseminava as palavras de algum tipo de *qigong* miraculoso. Alguém em sua unidade de trabalho disse que ela usava um distintivo do Partido Comunista no casaco, prendia uma imagem de Buda na jaqueta e um retrato do Grande Mestre Zhang da seita Zangmigong no sutiã. Sob meu olhar incrédulo, foi-me dito que essa mulher estava freqüentemente nos jornais. Era nomeada operária-modelo todos os anos, e fora escolhida muitas vezes como membro de destaque no Partido.

Essas chinesas são loucas? Não: elas estão assustadas, desde que perderam seu próprio deus humano. Durante os últimos 5 mil anos, os chineses viram seus imperadores e líderes políticos como deuses, e cada palavra sua poderia significar a diferença entre a vida e a morte. No começo do século xx, a China estava mergulhada no caos, enquanto o sistema feudal chegava ao fim, e em todo aquele derramamento de sangue, o papel do salvador foi assumido pelos senhores da guerra. Eles sabiam que os chineses não poderiam viver sem seus deuses como esteio para seus espíritos. Não importa quão diferentes fossem as teorias do nacionalismo, da democracia, do socialismo e do comunismo, representadas por Sun Yat-sen, Chiang Kai-shek e Mao Zedong: a maioria dos chineses comuns, no período entre 1920 e 1980, não os via como líderes políticos, mas sim como novos imperadores com nomes modernos — e como deuses.

Considerando isso, é fácil entender a histeria dos Guardas Vermelhos durante a Revolução Cultural, e o modo como intelectuais, camponeses e operários obedeciam da mesma maneira, sem questionar, aos comandos de seus líderes, curvando a cabeça e permitindo que seus deuses os atirassem na prisão.

Sei que é difícil para o resto do mundo compreender esse aspecto da história chinesa. Mas tendo observado o zelo com que pessoas de sociedades profundamente religiosas ofereciam suas propriedades mais preciosas — ou mesmo seus filhos — a seus deuses no passado, você entenderá os sentimentos do povo chinês comum, que precisa de um poder ou de uma crença central para sua segurança quando não tem certeza de quem poderá ser seu próximo deus.

Em minhas entrevistas com cerca de duzentas chinesas, descobri que para a maioria das mulheres sem instrução do campo seu deus é o marido. Quanto a muitas jovens chinesas urbanas, elas estão aguardando e observando: como uma menina me disse em Nanjing, sua crença vai depender de qual religião estiver na moda! Portanto, minha resposta ao irlandês foi: por favor, dê à sua namorada um pouco mais de tempo para decidir em que ela realmente acredita.

# 17 de outubro de 2003

*Agora que as chinesas sabem o que estavam perdendo, a dor é dura demais para suportar.*

Por que tantas mulheres cometem suicídio na China? Segundo uma matéria da publicação médica inglesa *Lancet* do ano passado, o suicídio é a quinta maior causa de morte na China, sendo que as mulheres e as meninas correm mais riscos. Afirma-se naquela matéria que a China é um dos poucos países do mundo em que a taxa feminina de suicídio é mais alta que a masculina. Ali, o número de mulheres que cometem suicídio é 25% superior ao dos homens.

Não sei para quantos outros países isso é verdade. Ou se a China é o único país do mundo onde mais mulheres do que homens cometem suicídio. E não sei de todas as razões para isso. Mas sei, pelas muitas cartas que recebo, ao menos de alguns motivos que levam as mulheres chinesas a desistir de suas vidas tão facilmente.

Em primeiro lugar, assim como nos tempos antigos os gladiadores romanos matavam e morriam para o prazer do público e para sua própria glória, pois não havia o respeito pela vida humana que existe hoje, ao longo de toda a história chinesa houve uma cultura de homens se matando para o prazer e a honra de suas famílias e para sua própria glória, e de mulheres se suicidando para provar sua honestidade ou seu amor. Essa cultura persiste ainda hoje em muitas partes da China, particularmente nas regiões rurais do sudoeste.

Em segundo lugar, um número considerável de mulheres chinesas prefere desistir da vida a sofrer por "não ser uma boa mulher", conforme seu papel chinês tradicional. Ao longo de gerações, ter um bom nome limpo foi mais importante do que a vida em si. Isto sem dúvida ainda é verdade na zona rural empobrecida, onde, além do duro trabalho doméstico, a importância da reputação é, comumente, a única coisa que as mulheres aprendem.

O que é um bom nome limpo? Como mencionei em uma coluna anterior, significa que uma mulher deve ser virgem antes do casamento; que jamais deve ser tocada por um homem que não o seu marido; que nunca deve ser vista sozinha com outros homens; e que não deve casar-se de novo, ou estar com outro homem, depois que seu marido morrer. Além disso, muitas chinesas do campo têm um *status* bastante inferior ao dos homens — inferior, mesmo, ao status das grandes ferramentas e das propriedades. Quando os outros não o tratam como um ser humano, é difícil ver a si própria como um. Menos de cem anos atrás, a situação não era muito distinta no Ocidente.

Mas por que algumas chinesas ainda se sentem tão sem esperança, apesar de o país ter se aberto e melhorado tanto desde os anos 80? Descobri a resposta com uma mulher que conheci alguns anos atrás.

Eu estava sentada ao seu lado no hospital. Chamava-se Mei-Hua, e havia tentado cometer suicídio. Perguntei-lhe por quê. "Mei-Hua, eu entendo por que você tentou se matar dois anos atrás, quando vivia em sua aldeia, sendo maltratada e abusada por seu ex-marido. Mas agora você tem uma vida melhor na cidade, como arrumadeira em um hotel. Então, por que fez isso de novo?"

Ela olhou para mim: "Por quê? Eu não sabia que existia uma vida tão diferente aqui, comparada com a da minha aldeia. Então, fiquei pensando nisso o tempo todo. Por que não tive a oportunidade de aprender a ler e escrever? Por que não tenho o direito de escolher quem eu amo — porque sou uma cidadã de segunda classe? Por que eu tive de desistir da minha filhinha, enquanto as filhas das pessoas da cidade se vestem lindamente e andam de braço dado com os rapazes? Como posso encará-las com a dor cotidiana da minha filha perdida? Por quê? O que há de errado com a minha vida? Por que meu destino é tão pobre? Por quê? Por quê?!".

Por quê? Para ser honesta, não pude responder a nenhum dos seus "por quês". Ficamos as duas em silêncio.

Uma criança não vai lhe pedir sorvete se nunca provou um. As pessoas não sentem dor em suas vidas quando não têm nada com o que compará-la. No decorrer dos últimos cem anos, enquanto as primeiras luzes de liberdade e democracia chegavam à China, muitas mulheres instruídas sofreram com o que sabiam existir sem que pudessem possuir. Ao longo dos últimos vinte anos, quando muitos camponeses e agricultores invadiram as cidades para agarrar sua primeira oportunidade de viver uma vida melhor, incontáveis mulheres viram-se perdidas nos mesmos "por quês" de Mei-Hua. Acredito que esta é mais uma razão de as mulheres chinesas cometerem suicídio.

Mei-Hua tem agora um emprego de faxineira em uma escola, graças ao seu médico. E já é capaz de ler livros infantis.

# 31 de outubro de 2003

*As tradições podem estar morrendo, mas forçar as crianças a lavar os pés dos pais não vai ajudar.*

Na China, a mídia oficial vem relatando que os professores de diversas localidades estão impondo às crianças a tarefa de lavar os pés dos pais como dever de casa. É um exercício que visa reforçar a virtude tradicional de respeito aos mais velhos, porém tem provocado algumas reações conflitantes. O jornal *China Daily* relatou que em uma escola de Shanghai a maioria dos alunos não fazia o exercício, e que alguns pais ficavam desconcertados com a tarefa.

Lavar os pés é parte da importante "cultura da água" na China. Tradicionalmente, é algo que se faz por três motivos: limpar os pés sujos todos os dias antes de ir para a cama (pés limpos na cama é uma das coisas mais importantes para os chineses); melhorar a saúde (os chineses massageiam os pés durante a lavagem, às vezes acrescentando ervas à água quente); ajudar o sexo no casamento (por isso muitas pessoas ricas costumavam empregar "lavadores-de-pés" especiais para suas esposas).

Os chineses acreditam que o pé é a posição mais baixa da condição humana. Por isso dizemos: "Tudo começa no pé" — diferentemente do inglês *"from the bottom"*.\* Assim, lavar os pés é uma maneira de mostrar respeito pelas gerações anteriores ou pelo seu marido. Também é uma maneira de expressar arrependimento pessoal, se você está se sentindo culpado.

Mas por que lavar os pés deve ser parte do dever de casa de um estudante? Não entendo por que as escolas chinesas estão escolhendo essa parte da tradição para educar as gerações mais jovens em uma cidade moderna como Shanghai. Mas compreendo aqueles pais e professores chineses que se preocupam com o que suas crianças estão perdendo — não apenas as tradições e os costumes chineses, mas também como pensar sobre a vida de um modo chinês, como respeitar a história e aquilo que as gerações anteriores tiveram de sofrer em tempos mais sombrios.

Uma menina chinesa escreveu-me um e-mail alguns meses atrás. Dizia-me: "Xinran, não posso acreditar que você disse que todo mundo — inclusive minha inteligente mãe, que foi professora universitária — agitava um livrinho vermelho seguindo o estúpido imperador Mao durante a Revolução Cultural. Se ela fez isso, como eu poderia respeitá-la? Todo mundo sabe que a Revolução Cultural foi um movimento assassino".

Eu respondi: "Sim, todo mundo sabe disso hoje em dia. Mas quando lhe ensinam que Mao é o nosso deus e que não existe outro passado, seus olhos e ouvidos ficam cheios de 'ordens vermelhas'. Você não tem escolha senão segui-las, se quiser viver — tanto por sua família como por seus filhos. Compreenda que é fácil amar e dar quando você pode fazer o que quer. A sua mãe é uma mulher corajosa e inteligente porque soube abrir mão de suas convicções — por sua família, por você. Nós não temos idéia de quanta dor ela suportou naquele tempo. Tenho certeza de que, por causa dela, você tem essa oportunidade de estudar no

---

\* "Do começo", ou, literalmente, "do fundo". (N. T.)

Reino Unido. Você pode pensar e me fazer perguntas livremente, algo que ela jamais pôde fazer com a sua idade".

Uma amiga em Shanghai ligou-me na semana passada, queixando-se de sua filha de vinte e dois anos. "Ela se tornou uma menina muito ocidental, troca de namorado toda semana, vai a casas noturnas e bares. Ela come conosco nos fins de semana? Ela cozinha? Não, ela não tem mais nenhum interesse em nossas tradições de saúde e alimentação. Todos os dias ela come no KFC, no McDonald's, essa porcaria de *fast-food*. Não sei como trazê-la de volta, como salvar sua identidade chinesa!" Não lhe dei nenhuma sugestão porque não sei como fazer filhos chineses parecerem chineses aos olhos de suas mães.

Se acho que lavar os pés pode ajudar a geração mais jovem a entender nossa tradição? Ou se devemos empurrar nossos filhos de volta aos velhos costumes? Os jovens de hoje vão esquecer suas raízes e se tornar meninos e meninas McDonald's?

Nada disso. Os jovens chineses não vão entender o significado de lavar os pés enquanto são criados com fraldas industrializadas em vez de panos tecidos à mão. Ninguém vai querer voltar à Idade da Pedra quando temos casas aquecidas com calefação moderna.

A adolescência e os vinte anos são tempos instáveis para qualquer um, venha de onde vier. Eles não saberão o que precisam incorporar das tradições e dos ancestrais, de outras pessoas e de outros países, e da sua experiência pessoal, até que desenvolvam as próprias convicções.

Os jovens chineses agora têm oportunidades que lhes são oferecidas pelo mundo inteiro, algo que as gerações anteriores jamais tiveram. Uma vez que tenham tido tempo de explorar essas oportunidades, estou certa de que irão desenvolver suas próprias novas tradições.

# 14 de novembro de 2003

*Os chineses ainda são obcecados em manter as aparências. Não está na hora de seguir em frente e se soltar?*

Acabo de voltar da Islândia. Foi uma experiência reanimadora — não só por causa do lindo tempo frio, da paisagem aberta, da aurora boreal e de como o café exala naquelas manhãs escuras, como também por causa do coração quente dos islandeses. Eles tratam os visitantes como se fossem da família — com mente aberta e um passado repleto de dor e pobreza. É assim que me sinto na China, exceto quando se trata de falar do passado.

Quase todos os islandeses que conheci falaram-me de como seus avós eram pobres: a maioria teve de dar alguns de seus filhos, porque não havia o bastante para alimentá-los. As mães tinham de contar as fatias de pão para suas rações diárias. As meninas casavam-se muito cedo, a fim de ceder o lugar em casa aos irmãos ou irmãs menores. A maioria das mães jamais conheceu uma vida sem preocupações.

Não havia vergonha em suas vozes — orgulhavam-se de ter progredido. Sabiam o quanto devem às gerações anteriores empobrecidas. Suas vozes eram cheias de respeito e amor pelos parentes pobres.

Fang, de dezesseis anos, um dos dois únicos estudantes chineses na Islândia, disse-me ter ficado muito surpreso ao descobrir que os islandeses eram tão abertos e não tinham medo de perder a dignidade.

O passado da Islândia é semelhante ao da China de muitas maneiras. Mas os chineses nunca se abriram o bastante para dizer às pessoas o quanto eram pobres e o quanto sofreram. Por quê? Porque os chineses não podem perder a dignidade. Se você conhece algum chinês, ou se já esteve na China, tenho certeza de que sabe como manter as aparências é importante para eles.

No (nem tão distante) passado, e mesmo hoje, nas áreas mais pobres da China, a maioria das pessoas economizou dinheiro com comida para poder gastar em roupas — pelo menos ninguém poderia ver seu estômago vazio. Nas regiões rurais, costumava-se guardar um pedaço de gordura salgada e esfregá-lo nos lábios como se fosse maquiagem para impressionar os outros, mesmo se não houvesse nada para cozinhar naquele dia.

Uma vez que um homem do campo fosse educado ou se estabelecesse na cidade, sua família de camponeses não era mais autorizada a visitá-lo, por medo de que ele perdesse a dignidade perante seus novos amigos e conhecidos.

Muitos homens tiveram de se matar para conservar sua imagem de bravos, enquanto alguns pais forçavam suas filhas "impuras" — as que foram estupradas, ou que haviam perdido os maridos, ou sido tocadas por outro homem — a morrer para salvar a imagem da família.

Enquanto milhares de chineses morriam de fome nos anos 60, os jornais continuavam a noticiar grandes colheitas, apenas para que não parecêssemos fracassados. Mesmo quando sofremos um terrível terremoto em 1976, mal chegamos a pedir ajuda internacional, a fim de manter nosso auto-respeito.

Muito embora o número de chinesas que cometeram suicídio em regiões rurais nos últimos anos tenha superado as médias mundiais, muitas ainda se recusam a aceitar a verdade, para salvar sua imagem de liberadas.

No entanto, muitas mulheres urbanas também têm de ser mulheres tradicionais em casa. Mesmo depois de um dia duro de trabalho, tão duro quanto o de qualquer homem, acabam fazendo as tarefas domésticas, cuidando da criança e dos parentes idosos. Algumas pessoas dizem que é isso que significa "direitos iguais" para suas imagens de boas mulheres.

Pense naquelas mulheres que tiveram de dar suas filhas recém-nascidas. Poucos sabem quem são elas, e ninguém as abraça ou consola seus corações partidos com palavras calorosas e carinhosas, porque as famílias precisam de uma imagem orgulhosa para a árvore genealógica.

Não sei qual foi o custo em vidas chinesas para salvar as aparências no passado. Não sei quanto tempo, energia e recursos naturais estamos usando para manter uma imagem de poder, apenas porque não temos reconhecimento internacional suficiente para ensinar as gerações mais jovens a se livrar da vaidade que está por trás da nossa imagem. Mas fico feliz em dizer que cada vez mais jovens chineses percebem a fraqueza de se esconder atrás de uma imagem assim, e começam a questioná-la: para que serve?

Espero que logo estejamos mais abertos e livres para dizer às pessoas o quanto nossas avós e mães nos deram com seu sofrimento. É o passado que forma as raízes do presente; precisamos delas para o nosso futuro.

# 28 de novembro de 2003

*Honestidade chinesa é igual a verdade nua. Mas nós realmente queremos esse nível de sinceridade?*

No último fim de semana, fui à festa de inauguração de um centro para estudantes chineses em Londres. Esperávamos conversar sobre quais eram as maiores dificuldades que eles encontravam no exterior; como eles poderiam entrar em contato com os ocidentais; e o que deveríamos fazer para ajudar as famílias das filhas adotivas chinesas no Ocidente. Porém o primeiro tópico levantou tantos problemas que nosso tempo se esgotou.

Alguns disseram que nunca entenderam o que seus professores e tutores queriam dizer com "fantástico", "maravilhoso" e "excelente" — pois mesmo depois de elogiados, eles achavam difícil passar nos exames. "Por que eles não são honestos conosco?", perguntaram.

Alguns estudantes duvidavam da visão ocidental da criação [das espécies], e diziam que sempre os mandavam encontrar argumentos contra os eminentes eruditos e cientistas que propuseram aquelas idéias, e apresentar suas próprias teorias. "Como querem que discutamos com os grandes pensadores? E por que é preciso nos ensinar, se podemos chegar a teorias da criação por nós mesmos?"

Alguns se queixaram de que os estudantes ocidentais podiam facilmente passar todos os seus anos de estudo conversando, bebendo e conquistando amigos e amores, enquanto a maior parte dos estudantes chineses lutava com seus deveres de casa. "Como podemos ser da mesma idade e viver de modo tão diferente?"

Alguns se sentiam tristes com as famílias dos colegas. Muitos ocidentais eram frios quando falavam sobre os pais, disseram eles, e outros pareciam polidos e distantes no modo como se relacionavam com as famílias. "Onde mais poderíamos ter uma sensação de relaxamento e segurança quando crianças, a não ser em casa com os pais? Não se pode ser nada sem uma família."

Conversamos por mais de três horas. No fim, eles perguntaram o que eu pensava das suas impressões. Em vez disso, contei-lhes três histórias.

A primeira história, eu lera em um livro de humor. Um dia, Deus mandou um mensageiro para conferir a fé das pessoas. O mensageiro voltou e disse que a fé dos chineses era muito maior que a dos ocidentais.

"Por quê?", disse Deus. "Eu não tenho tempo suficiente para cuidar dos chineses."

"Os chineses sempre balançam a cabeça quando lêem a Bíblia, mas os ocidentais sempre sacodem a cabeça em dúvida", disse o mensageiro.

"Preciso dar aos ocidentais aulas extras no domingo", disse Deus.

O que havia por trás dessa história? Até os anos 30, os chineses liam de cima para baixo, portanto as pessoas achavam que eles balançavam a cabeça quando liam, enquanto os ocidentais liam da esquerda para a direita, dando a impressão de que sacudiam a cabeça em desacordo.

Nossos julgamentos são sempre tingidos por nosso pouco conhecimento das diferenças que existem no mundo.

A segunda história ouvi de um professor da Universidade de Londres. Quatro estudantes — da América, da Europa, da África e da China — são questionados por um jornalista: "Qual é sua opinião pessoal sobre a carência internacional de alimentos?".

O americano pergunta: "O que significa internacional?". O europeu: "O que é carência?". O africano: "O que são alimentos?". E o chinês: "O que você quer dizer com opinião pessoal?".

Por milhares de anos, até a década de 90, os chineses permaneceram fechados. Não estamos acostumados a ter nossa própria opinião "pessoal". Mas tenho certeza de que sabemos coisas que os ocidentais não sabem. É por isso que nos sentimos à vontade para estudar aqui e compartilhar com eles nossas diferenças.

A terceira história é algo que aconteceu comigo. Em 1997, na minha primeira semana em Londres, fui parada por um chinês na Leicester Square. "Você é Xinran?", disse ele em chinês.

"Aaaah... hum...", eu murmurei.

"Você é, tenho certeza!", ele disse, e ficou empolgado demais para esperar pela minha resposta. "Oh, não pode ser verdade! Você não pode ser Xinran!"

Não entendi do que ele estava falando, mas ele continuou a gritar, em uma rua cheia de outras pessoas que falavam chinês. "Xinran, você não pode ser tão velha! O seu rosto, por que ficou tão feio? Oh, não!"

"Sinto muito, mas não posso parar de envelhecer", disse eu, o rosto afogueado.

Ele explicou sua dor ao me ver. Quando chegou à Inglaterra, em 1989, guardou o último jornal que recebera da China e o prendeu na parede, para lembrá-lo de seu lar e da sua língua. Ele não retornara à China desde então. Meu rosto, oito anos mais jovem, estava naquele jornal, portanto ele ficou chocado ao me ver em carne e osso. Que chinês mais tipicamente honesto...

Perguntei àqueles estudantes chineses, que riam: "Vocês realmente gostam desse tipo de 'honestidade chinesa?'".

54

# 12 de dezembro de 2003

*Se voar, nadar ou tiver quatro pernas mas não for uma mesa nem uma cadeira, os chineses comem. Será que isso é tão estranho?*

Fui a uma festa de comemoração de uma casa nova esta semana. Em meio à agitação, entreouvi uma conversa sobre comida chinesa:

A (uma mulher ocidental): "Você poderia me dizer o que os chineses não comem?"

B (um homem chinês): "Posso responder ao contrário?"

A: "Sim, é claro. Você quer dizer, o que os chineses comem?"

B: "Escute com atenção. Tudo o que voa no céu e você pode ver, exceto aviões; tudo o que nada no rio e no mar, exceto submarinos; tudo o que tem quatro pernas sobre a terra, exceto mesas e cadeiras — é isso que nós comemos."

A: "O quê?! Você está brincando?"

B: "Não, não estou brincando."

A: "Até gatos e cachorros?"

B: "Sim."

A: "E raposas?"

B: "Sim. O que há de errado nisso?"

A: "Mas alguns animais fazem parte da família humana —

amigos e bichos de estimação. Suas vidas não são para ser devoradas."

B: "O que você quer dizer — vidas de animais não são para comer? O que sua tataravó comia?"

A: "Mas nós vivemos numa civilização moderna. Temos de respeitar a vida animal mais do que fazíamos antes."

B: "Sim, você tem razão, de certo modo: se você não está mais com fome, se você tem mais matéria viva capaz de sustentar sua vida."

Essa conversa despertou-me uma velha lembrança. Em 1991, quando entrevistei algumas mulheres na casa de Mao Zedong em Shaoshan, na província de Hunan, elas perguntaram-me: "Ouvimos dizer que os ocidentais comem carne de vaca todos os dias, isso é verdade? Mas como? As vacas sustentam os humanos com seu leite e com trabalho duro. Elas são as mãos dos homens na terra, elas são nossas vidas, elas até choram se você mata algum animal na frente delas. Elas têm sentimentos".

Eu sabia que aquelas pessoas, cuja agricultura depende de tais animais, sempre mandam vacas velhas ou doentes para as montanhas, para morrer ali.

Compreendo os dois modos de pensar: o dos camponeses chineses e o dos ocidentais. Contei às mulheres que havia lido a respeito de pontos de vista ocidentais que desaprovam o fato de os chineses comerem gatos e cachorros. Elas me ouviram sacudindo a cabeça.

Então outro fragmento de conversa capturou minha atenção na festa.

X (uma mulher chinesa): "Oh, sim. Eu me lembro que aquele restaurante fica em Guangzhou, mas nunca estive lá."

Y (um homem ocidental): "Por que não? Você é chinesa. Disseram-me que é o prato mais famoso da China. Como se chama... 'dragão luta com tigre'?"

X: "Sim, ou 'dragão com tigre'. É muito famoso no sul da China, eu sei, mas realmente não posso me imaginar gostando dele. Nunca provei gato, nem cobra."

Y: "Você não é tipicamente chinesa, pelo menos não uma chinesa tradicional."

X: "Nem todos os chineses gostam de comer animais selvagens."

Falavam sobre um restaurante muito famoso em Guangzhou — a capital da província de Guangdong. Tem uma especialidade chamada "dragão e tigre", feita de carnes de cobra (dragão) e de gato (tigre) juntas em uma espécie de prato fechado tradicional. Fui convidada a experimentá-lo em 1996, mas também não tinha estômago para nenhum dos dois.

Uma amiga ocidental virou-se para mim. "Xinran, você já ouviu falar no restaurante de caça em Guilin [uma bonita região na parte sudoeste da China]?" Contei a ela uma história sobre uns amigos ingleses. Aquele casal de meia-idade fora a Guilin no fim da primavera de 1998. Um dia, depois de uma excursão matinal, seu guia chinês sugeriu que provassem a comida local. Eles foram a um pequeno restaurante de caça à margem de um belo rio. Um garçom explicou a eles seu cardápio especial: você podia escolher o que quisesse de tudo o que estava vivo no quintal ao lado da cozinha, e eles preparariam sua escolha na sua frente.

A inglesa ficou tão chocada que exclamou: "Não, não, por favor, não mate esses adoráveis animais!".

O garçom ficou surpreso. "O quê? Este é o nosso negócio. E o nosso sustento?"

"Sim, eu entendo", disse o marido. "Vejamos, existe algum modo de podermos considerar o bem-estar dos humanos tanto quanto dos animais?"

Por fim, chegaram a um acordo: o casal pagou cerca de quinhentos dólares por todos os animais naquele quintal e os libertou. Então se sentaram para comer um almoço vegetariano à base de macarrão.

Na manhã seguinte, o guia foi acordado por uma chamada telefônica. Era o proprietário do pequeno restaurante de caça: "Você ainda está com o casal inglês? Poderia trazê-lo de volta ao meu restaurante? Eu lhe pagarei em dobro".

"Por quê?"

"O.k., isto é só entre nós. Acordei esta manhã e encontrei a maior parte dos animais que eles soltaram ontem de volta no quintal."

# 9 de janeiro de 2004

*Véspera de Ano-novo em Shanghai: os jovens da China são alegres, despreocupados e mudam depressa.*

Quando os sinos tocaram no Ano-novo, eu estava em pé junto a uma enorme janela, no 33º andar do Hong Kong SQ Hotel, em Shanghai, com meu marido e meu filho. Apertamos nossos rostos quentes contra o vidro frio para ver as luzes e a rua apinhada de gente ao pé do edifício de cinqüenta andares, no centro dessa cidade de 20 milhões de pessoas. Ficamos à janela durante os últimos quinze minutos de 2003 e os primeiros vinte minutos de 2004.

Meu filho PanPan estava realmente empolgado, e descreveu os fogos de artifício que iluminaram a cidade em muitas cores como "um quadro feito por computador". Não creio que o chinês que inventou os fogos de artifício, há quase 2 mil anos, poderia ter imaginado que eles seriam parte da vida moderna, em um mundo controlado por computadores. Mas vejo mais da China se tornando parte do presente, em comparação com a última vez em que estive aqui, há apenas seis meses. Os dois arranha-céus do lado de fora de nossa janela não estavam lá no ano passado. Os avisos públicos à beira da estrada com instruções como

"Não cuspa", "Lave as mãos antes de comer" e "Ajude estrangeiros em dificuldades" são novos. Nos banheiros públicos recentemente limpos, que costumavam deixar tantos estrangeiros constrangidos, apareceu papel higiênico.

Comemos nossa última refeição de 2003 em um restaurante chamado Pequeno Estado do Sul (Xiao-Nan-Guo), que serve comida tradicional de Shanghai, preparada conforme métodos ancestrais. Meu marido Toby, que esteve na China pelo menos duas vezes por ano desde o início dos anos 90, e é um dos poucos ocidentais capazes de comer a maior parte dos pratos chineses, tais como cobra, pés de pato e rins de porco, ficou surpreso com o que viu à nossa volta: havia muitas famílias chinesas ampliadas (pelo menos três gerações juntas) comendo seu jantar de Ano-novo em um lugar que costumava ser freqüentado por autoridades e executivos embriagados. As pessoas comiam pratos intermináveis, que pediam por um cardápio do tamanho de um livro. Os "lagostins bêbados" acordavam e pulavam para fora das bocas dos comensais, os "caranguejos com ovos" estavam lindamente expostos, peixes crus arrumados como "flores da estação" vicejavam na mesa e as verduras de Shanghai traziam o verde da primavera aos desejos de Ano-novo das pessoas.

Havia cerca de oitocentos comensais além de nós, embora isto fosse bem menos do que quando jantamos em Nanjing no outono de 2002. Então, 5 mil pessoas estavam sentadas para comerem juntas em um restaurante chamado Casa de Pesca Xiang-Yang.

Depois do jantar, tivemos de sair para uma caminhada, para assentar a comida em nossos estômagos cheios. Ao longo da rua Huai-Hai, decorada com luzes de néon e adquirindo voz da multidão, observamos que as pessoas na China são, hoje, muito mais alegres e à vontade do que jamais vimos no passado. Toby disse que nunca teria acreditado que o mundo moderno chegaria à China tão cedo. Ele ficou muito comovido com o comportamento dos chineses no Ano-novo, "sóbrios e não bêbados" nas ruas de Shanghai, porque ele sabe que os chineses gostam de bebidas fortes.

Eu mal dormi na primeira noite de 2004, porque meu celular não parou de tocar com novas mensagens. Algumas eram saudações de amigos. Algumas eram de empresas com informações sobre compras, viagens e liquidações, oferecendo massagens para o corpo e para os pés, ajuda para encontrar um amor, auxílio para os deveres de casa, limpeza doméstica, mercadorias de segunda mão e previsões do tempo. Algumas eram de jovens brincando de "novos políticos": "Não diga que Bin Laden é muito mau, não pense que Bush é muito legal, sem loucura e sem petróleo, vamos ver o que os americanos olham..."; "Pense em Mao Zedong, você não sentirá dor (não mais que no passado); pense em Deng Xiaoping, você não perderá dinheiro (consiga o que puder das oportunidades que surgirem); pense nos seus pais, você não estará sozinho (em sua família); pense no amor, você não será uma criança (cresça para o futuro); pense em mim (você tem alguém que envia esta mensagem a você no Ano-novo...)". Aprendo muita coisa com meu celular quando estou na China, sobre o que os jovens chineses pensam, precisam e podem, por essas frases curtas na tela minúscula.

Voei de volta para Londres em 2 de janeiro. Havia muitos chineses com mais ou menos vinte anos na primeira classe. Deviam vir de famílias ricas ou poderosas. Quantos deles pode haver na China, onde 78% da população ainda se constitui de camponeses, metade dos quais sem instrução? Lembro-me de um estudante que veio à Inglaterra com uma bolsa de estudos contando o que sua mãe lhe dissera pelo telefone, falando de sua pequena aldeia: "Tome cuidado, meu filho. Não abra a janela quando o avião estiver voando, pode estar ventando demais".

Eu realmente sinto saudade dessas mães chinesas na China de hoje.

# 23 de janeiro de 2004

*Shanghai tem uma nova face, mas por que a mulher que costumava limpar meus ouvidos tem um novo rosto?*

Estou aturdida desde minha viagem à China. Senti-me aturdida muitas vezes enquanto estive lá no Ano-novo. Fiquei aturdida pela diferença de fusos horários, pelos dias cheios de atividades, pelas perguntas dos pais, pelas sugestões dos irmãos, pelas visitas dos amigos. E pela visão de Shanghai, magicamente modificada por centenas de novos edifícios erguidos nos últimos seis meses; e pelos cardápios dos restaurantes, agora cheios de pratos dos quais nunca ouvira falar; e pelas conversas das pessoas na rua e no rádio, que soam muito mais livres e soltas — apontando a corrupção de alguma autoridade, julgando um caso amoroso, falando sobre sexo: coisas sobre as quais eu nunca ousei falar no rádio antes de 1997. Estou aturdida.

Eu quase caí para trás certa manhã, quando levei meu filho PanPan à estação ferroviária de Shanghai para uma curta viagem a Nanjing, onde vivem meus pais. Todos os anos, arranjo algumas viagens de trem para ajudar PanPan a entender a vida cotidiana chinesa. Não acredito que ele conhecerá a China minimamente bem se viajar sempre de avião.

Enfim, alguém me chamou pelo nome assim que despachei PanPan e estava saindo da estação ferroviária. Olhei em volta e não pude ver ninguém que eu conhecesse na multidão. Então ouvi uma voz muito alta junto ao meu ouvido direito: "Oi, Xinran, sou eu, Li-Ping. Espere!".

Havia grupos de pessoas por todo lado: alguns camponeses com grandes quantidades de bagagem (eles não parecem mais carregar seus pertences em rolos sujos) estavam comendo *baozi* (um bolinho no vapor com carne dentro); dois comerciantes do interior, em seus respectivos ternos, conversavam sobre uma negociação industrial através de uma nuvem de fumaça; uma mulher jovem de aparência ocidental, com uma mala vermelha e uma bolsa verde, falava ao celular; um casal da cidade ajudava um velho com sua mala. Eles deviam ter acabado de comprar uma porção de presentes para sua viagem. Não pude ver ninguém entre eles que eu conhecesse. Mas era sem dúvida o meu nome.

"Sou eu, Xinran. Estou contente porque nem você consegue me reconhecer... ha... ha-ha..." A mulher ocidental estava rindo para mim.

"Você tem certeza de que me conhece?" Que pergunta estúpida! Arrependi-me profundamente dela.

"Sou sua amiga, Li-Ping! Trabalhamos juntas durante mais de quatro anos naquela velha emissora antes de nos mudarmos para o novo edifício. Oh, nem acredito que a minha mudança de rosto tenha sido tão bem-sucedida."

A voz soava familiar, mas eu realmente não conseguia lembrar quem era ela. Tenho uma amiga chamada Li-Ping que tinha um lindo rosto chinês tradicional. Mas essa mulher tinha um típico nariz ocidental e cabelos castanho-dourados. Algo devia estar errado. "Oh, querida. Não tenho tempo para brincar com você. Tenho de pegar meu trem. Deixe que eu lhe dê um pouco de contexto... Você deve se lembrar de mim, com meu hábito de 'cutucar as orelhas das pessoas'."

"Oh! *Oh... meu Deus*, Li-Ping, *é você!*" É claro que eu conhecia Li-Ping. Ela queria tanto limpar os ouvidos de todo mundo na nossa estação de rádio que às vezes pagava as pessoas para deixá-las fazer seu trabalho de limpeza. Sim, eu realmente ganhei algum dinheiro com isso. "O que aconteceu com o seu rosto? Você está bem? Aonde está indo?"

"Sim, sim. Há tanta coisa para contar. Aqui está o meu cartão. Ligue-me quando eu voltar da casa dos meus pais em Su-Zhou. Deve ser por volta do Ano-novo. Bom, bom. Estou tão, tão contente por vê-la de novo. Mas preciso ir: meu trem sai às oito horas, e já são 7h45. Tenho de ir. Deixe-me dar-lhe um grande beijo. Não se preocupe. Desisti de limpar ouvidos há muito tempo, só um beijo ocidental. *Bye!*"

Li-Ping correu para a sua plataforma.

Por que ela fizera aquilo? Li sobre mulheres chinesas que pagam altos preços, tanto financeira como fisicamente, para mudar o rosto.

Acreditava que as entendia, porque a maioria queria uma oportunidade melhor de encontrar um namorado atraente, ou de melhorar suas vidas tornadas difíceis por um rosto feio, ou de ter uma chance de conseguir um emprego melhor naquelas grandes empresas dirigidas por homens. Mas Li-Ping? Ela tinha um rosto tão belo que sempre tive inveja dela. Ela era uma famosa apresentadora de rádio, que era muito divertida e adorava correr atrás dos homens.

Olhei para o seu cartão. Ela estava trabalhando para uma empresa comercial ocidental em Hong Kong. Teria sido por isso que mudara o rosto? Por esse emprego ocidental? Eu não sei. Espero que não. É uma estranha sensação de perda: sua boa velha amiga fala e age através de um rosto desconhecido.

Olhei para trás, para a estação de trem. Esperava que os pais de Li-Ping reconhecessem sua filha. Eu estava completamente aturdida.

# 6 de fevereiro de 2004

*O Ano-novo chinês de repente me fez duvidar de quanto conheço de fato minha própria cultura.*

"Feliz Ano-novo chinês!" "*Xin-nian-kuai-le!*" (*xin-nian* significa "Ano-novo", *kuai-le* significa "feliz") foi pronunciado vezes sem conta desde 14 de janeiro, por pessoas que pensam que conhecem a cultura chinesa, mas não pelos próprios chineses. Eu pensava que ainda não era o Ano-novo chinês, porém fui corrigida em uma festa de Ano-novo chinês no começo de janeiro.

"Oh, pobrezinha, você deve estar trabalhando demais para se lembrar de que esta noite é véspera do Ano-novo chinês." As pessoas se solidarizaram. Eu de repente perdi a confiança no meu conhecimento da cultura chinesa. Tinha de telefonar para a China. A única pessoa que não riria de mim era a minha mãe.

"Você está bem?" Ela pareceu preocupada.

"Sim, estou ótima. Só queria confirmar quando é o Ano-novo chinês. É amanhã?" (Ele cai em um dia diferente a cada ano, segundo nosso calendário agrícola e lunar tradicional.)

"Não, por quê? Faz só dois dias que você nos desejou um bom *xiao nian* ["pequeno Ano-novo", um dia de preces ao deus da culinária]. Por que você quer ver sete dias se passarem em 48 horas? Diga-me honestamente, você está bem?" Senti-me realmente bem depois de provar que estava certa o tempo todo.

Alguns dias depois, fui à Cornwell. Todos me cumprimentaram com um "Feliz Ano-novo chinês". Preparei um rico jantar de celebração para os meus amigos ingleses em um encantador chalé perto de Penzance. Com uma taça de vinho tinto na mão e uma cabeça semi-embriagada, liguei para uma amiga para desejar-lhe um feliz Ano-novo (a China está três horas à frente). Éramos próximas desde 1989, quando tive o meu primeiro programa de rádio.

"Você está se sentindo bem, Xinran? Aqui é meia-noite... Preciso dormir para o grande show de véspera de Ano-novo de amanhã. Ligue-me de novo às dez horas, se não for urgente." Ela pareceu irritada.

"Oh, não! Estou enganada de novo." Senti-me desamparada. Não podia contar aos meus amigos em volta da mesa que era a data errada; eles estavam todos embriagados de felicidade chinesa.

"Eu adoro o Ano-novo chinês, e o modo como ele se prolonga sem parar", disse um amigo inglês quando tivemos outro jantar de véspera de Ano-novo, dessa vez na data certa, 21 de janeiro.

"Quando terminam as festividades?"

"Tradicionalmente, passam-se quinze dias desde o Ano-novo até a festa de Yuan-Xiao, quando da primeira lua cheia. Os chineses não só têm uma refeição especial chamada *yuan-xiao* para isso, como a maioria das pessoas também sai para *kan-deng* — em outras palavras, para ver as luzes, feitas com centenas de materiais diferentes, como panos, bambu, metais, e também eletricidade e computadores." Eu odiava o meu inglês pobre, que não conseguia descrever como essas luzes podem ser maravilhosas.

"Chineses de sorte!" Eu podia ver o quanto os meus amigos ingleses ficaram com inveja. "Chineses de sorte?" Para a maioria dos chineses, os 90% cujos pais eram agricultores antes dos anos

90, esse era o único tempo que tinham para algum descanso durante um ano inteiro de duro trabalho físico na terra.

"Este é o ano que os chineses chamam de 'Ano do Macaco'?"

"Sim, é." Senti-me muito segura quanto a essa resposta.

"Que macaco é esse?"

"O que você quer dizer?" Eu nunca ouvira tal pergunta dos meus amigos chineses.

"Sim, você tem 'macacos diferentes', de acordo com 'Wu-Xing': os cinco tipos de objetos naturais: metal, madeira, água, fogo, terra. Você pode ter um macaco de madeira, um macaco de fogo etc. Li isso em um jornal."

Peguei novamente o telefone e tentei conseguir ajuda de dois amigos, um deles um apresentador de rádio, o outro um professor universitário. Eu obviamente preciso aperfeiçoar meu conhecimento de cultura chinesa.

"O macaco no calendário chinês é a mesma coisa que os outros onze animais e combina com os doze tipos de tempos e anos. O 'macaco de madeira' possivelmente vem do romance *Rei Macaco*. É essa sua pergunta, não é? Mas você é chinesa." O professor falou com uma voz engraçada, que eu não tinha ouvido antes. O apresentador sabia do que eu estava falando. "Li sobre isso em revistas estrangeiras. Há apenas dois dias, li que foi Buda que 'estabeleceu' esses doze animais e os associou a metal, madeira, água, fogo e terra. Você sabe que isso está errado, Xinran. Os doze animais estão na história chinesa registrada há mais de 3 mil anos. Talvez essa espécie de boato tenha saído em algum jornal ocidental se fazendo passar por cultura chinesa?"

A caminho de volta para Londres, meu celular tocou. Era uma mensagem de um jornalista: "Feliz Ano-novo chinês, Xinran. Quantos macacos existem no calendário lunar chinês em toda a história chinesa?". Não tenho idéia. Sinto-me novamente perdida em minha rica e profunda cultura.

# 20 de fevereiro de 2004

*Quando a maré subiu, os catadores de conchas telefonaram para suas famílias na China. Se ao menos eles soubessem discar 999.*

Em 5 de fevereiro, vinte catadores de conchas chineses não voltaram do trabalho para celebrar a festa de Yuan-Xiao — o último dia do Ano-novo chinês. Eles jamais voltaram para suas famílias e seus amigos, para sua terra natal. Perderam a vida no mar frio de um país estranho.

Eles ligaram para suas famílias e disseram que iam morrer quando as ondas geladas lhes chegaram ao peito. Mas não discaram 999 pedindo ajuda.

Para fazer um trabalho muito perigoso, ganhavam inacreditavelmente pouco dos seus patrões, que lucravam bastante. Havia placas de advertência sobre "areia movediça e marés perigosas" perto do lugar onde morreram, mas eles não poderiam ter entendido. Não falavam inglês. Sim, eles podiam ser imigrantes ilegais, mas tinham necessidades humanas básicas e deviam ter tido direitos humanos básicos para protegê-los. Por que não tinham?

Foram atraídos para o alto-mar por sonhos de ouro e pela ignorância. Vinham de um país que não tinha um sistema legal independente antes de 1992, nem um sistema de previdência social. Sua terra natal está melhorando e se desenvolvendo agora, mas era tarde demais para eles.

Em 1997, quando vim para a Inglaterra, passei pelos dois meses mais difíceis de minha vida. Primeiro foi a procura de moradia. Eu levava quarenta e cinco minutos para ir de metrô de Bayswater para Queensway; de fato, você pode ir andando de um lugar para o outro em cinco minutos. Descobri um lugar muito barato ao norte de Londres. Tinha três quartos e uma sala, e estava ocupado por quinze homens chineses que trabalhavam, todos, em restaurantes. Compartilhavam uma cozinha pequenina e um banheiro, mas reservavam uma despensa para um tradutor que pudesse ajudá-los a lidar com o governo local. Tentei explicar que eu não era qualificada para ocupar aquele quarto muito barato, porque meu inglês era pobre, e eu não tinha conhecimento das leis nem de como as coisas funcionavam neste país. Eu não conseguia entender seus papéis do Ministério do Interior. Mas vi o quanto estavam assustados, inseguros e perdidos, a pesada preocupação em seus olhos suplicantes, e ouvi suas palavras ansiosas. Senti-me bastante pesarosa por não poder ajudá-los.

Alguns dias depois, finalmente encontrei um lugar perto de Queens Park, no noroeste de Londres. Enquanto carregava minha bagagem para fora da estação de metrô, às 9h30 daquela noite, fui seguida por quatro homens com um grande cão. Depois de me certificar de que estavam realmente me seguindo, disquei 999 e chamei a polícia. "Por favor, me ajudem. Estou sendo seguida por alguns homens e um grande cão."

"Onde você está? Que aparência eles têm?"

"Não sei onde estou agora, porque tentei escapar deles, mas acabo de sair da estação de metrô de Queens Park. À direita. Mas..."

"Diga-me apenas: o que pode ver à sua volta?"

"Desculpe, não entendi. Você fala tão depressa. Oh, meu

Deus, eles vêm vindo. Socorro!" Meu corpo começou a tremer. Eu podia ouvir os homens aproximando-se de mim. Parei e tentei ficar quieta, e pensei rapidamente em como poderia enfrentar essa situação perigosa com minhas habilidades de luta, que aprendera na universidade militar vinte anos antes. Tive sorte: a polícia chegou assim que os quatro homens me pararam.

Depois, pensei naqueles chineses no norte de Londres, e então fui contar a eles sobre o 999 e o quanto a polícia fora útil. Mas não havia ninguém lá. Um homem na loja de esquina ao lado contou-me que tinham desaparecido havia alguns dias.

No verão de 2002, recebi um telefonema de um estranho, um homem da província de Fujian, no sudeste da China. Ele estava trabalhando em um restaurante chinês, lavando pratos. Levara um tombo na rua e machucara as costas; não poderia ir a um médico sem um intérprete. Seu amigo encontrara o número do meu telefone em um registro de reservas no restaurante. Fui ver o homem e levei-o ao hospital. No caminho de volta, ele contou-me que, como refugiado, recebera acomodações com outros cinco chineses, e quarenta e oito libras por semana para ir vivendo nos primeiros meses. Ele não tinha permissão para deixar a Inglaterra por dez anos. Estava agora trabalhando para pagar a dívida da sua família na China. Perguntei por que ele não chamara a polícia quando ficou imobilizado na calçada, sem poder se mexer durante três horas, enquanto aguardava que seus amigos o salvassem. Ele respondeu com uma olhadela miserável: "Você acha que existe um policial, ou uma policial, capaz de falar chinês em Londres?".

No sétimo dia após a morte dos catadores de conchas chineses, segundo o costume do sudeste da China, despejei uma taça de vinho na terra e rezei pedindo que fossem para o céu.

# 12 de março de 2004

*Posso ser chinesa, mas meu conhecimento ainda é apenas uma colher de chá no oceano que é a China.*

Acho cada vez mais difícil ser uma mulher chinesa, tanto aos olhos do Ocidente como da China. Para os ocidentais, não sou tradicional o bastante; para as pessoas em casa, meu conhecimento não está suficientemente atualizado.

Anos atrás, tive aulas de inglês em Londres. A certa altura, meu professor perguntou quem sabia alguma coisa sobre a China. Três mãos se levantaram.

A: "Os chineses respeitam a comida como seu paraíso, gostam de sabores fortes e de cozimento lento. Respeitam os idosos, e servem os mais velhos primeiro."

B: "Na verdade, a maioria dos chineses gosta de comida doce e leve, cozida rapidamente. E as pessoas não moram mais com as gerações mais velhas."

"Qual de vocês é chinês?", perguntaram meus colegas de classe.

A: "Eu sou chinês."

B: "Eu também."

Eu: "Eu três." (Uma frase tola que aprendi com meu filho PanPan.)*

Meu professor disse: "A China é enorme; devem existir estilos de vida muito variados. Vocês poderiam nos contar algumas coisas em comum acerca da China de hoje? Que tal a política de filho único, ou a situação das mulheres, por exemplo?".

A: "A situação das mulheres melhorou muito desde 1949. Na minha cidade natal, todo mundo tem a chance de conseguir instrução ou um emprego."

B: "Ora vamos, isso não é verdade. Na nossa aldeia, 75% das mulheres não foram à escola; elas trabalham em casa. E minha mãe, que tem quarenta e oito anos, não sabe ler e escrever direito. Mas ela é uma mãe muito boa para os nossos três garotos."

A: "Três filhos? Impossível! Qual é a sua idade? Como seus pais conseguiram escapar da política de filho único?"

B: "Tenho dezenove anos. A política de filho único não funciona na nossa região. Algumas famílias chegam a ter seis filhos."

A: "Você está brincando? Elas devem fazer parte de alguma minoria nacional, como os mongóis: então você pode ter tantos filhos quantos sua família quiser."

B: "Não, eles são Han [etnia que perfaz mais de 90% da população chinesa]. Você pode pagar em dinheiro para ter filhos extras."

A: "Não, eu não acho que você possa pagar para contornar a política do governo."

B: "Mas eu estou aqui, e o meu irmão mais novo também está em Londres. Você..."

"O.k., o.k.", disse o professor, "quem é realmente chinês, da China continental?"

A: "Eu sou. Venho de Chang-Chun, no nordeste da China."

---

* Em inglês, "*me too*" ("eu também") tem a mesma pronúncia de "*me two*" ("eu dois"), de onde a piada com "eu três". (N. T.)

B: "Eu também. Venho de Guangdong, no sudeste da China."

Eu: "Venho de Nanjing, no meio-oeste da China."

Os estudantes perguntaram por que nosso conhecimento da China era tão variado.

A China tem 56 grupos étnicos, cada qual com suas próprias história, língua e cultura. Ela é 42 vezes maior do que a Inglaterra, e seus 5 mil anos de história nutriram uma riqueza equivalente à da Europa moderna e uma pobreza tão severa quanto a do Saara. Cerca de 1,3 bilhão de pessoas realizam coisas, comerciam e fazem amor, em centenas de línguas, pronúncias, costumes e culturas. Além disso, o controle do Estado, as políticas, os graus de desenvolvimento e as condições de vida não são comparáveis em regiões diferentes. É por isso que os ocidentais ouvem histórias tão distintas.

O que vivenciei (como jornalista, apresentadora de rádio, colunista e professora convidada) na China, seja em termos de ambiente ou de situação, só pode ser representativo de uma proporção minúscula, como uma gota d'água, ou uma colher de chá no grande oceano que é a China.

Além disso, estive afastada por mais de seis anos, enquanto mudanças tremendas aconteciam diariamente. Sempre que retorno (mais de duas vezes por ano), aprendo coisas novas: como você pode agora falar mais livremente sobre questões femininas; como conversar com mulheres jovens numa "linguagem moderna e compreensível", com seu vocabulário que cada vez se expande mais; como escolher vestidos em novos materiais e estilos; como usar os novos sistemas de rádio e telefonia; até como pedir os pratos que agora são servidos de maneiras diferentes.

Quanto mais aprendo, menos realmente sei sobre a China de hoje. Assim, porque ela é muito distante do Ocidente, e como poucos livros chineses e poucas notícias chinesas chegam até aqui, é mais fácil para os ocidentais e ex-patrícios tornarem-se "especialistas em China" do que para as pessoas que voltam para casa.

Uma vez fui entrevistada sobre mulheres chinesas em Nova York. O entrevistador era conhecido como "um especialista em mulheres chinesas". Antes de irmos ao ar, perguntei a ele como conhecia mulheres chinesas tão bem. Sua resposta foi dada com naturalidade, porém me chocou. "Morei em Chinatown por mais de quinze anos."

"Você já esteve na China?"

"Ainda não", disse ele tranqüilamente.

"Você tem algumas amigas chinesas?"

"Ahn... oh, sim, conheço o marido de algumas delas. Tenho mais de vinte amigos chineses; eles trabalham em restaurantes chineses..." Se a luz vermelha não tivesse se acendido, eu teria continuado com minhas perguntas bobas.

Depois uma mulher americana me contou que o entrevistador não falara de sua maneira usual. Ela também disse que seu marido tinha ficado desapontado: "Xinran é chinesa demais", dissera ele.

# 7 de abril de 2004

*De que servem a liberdade e a democracia para os pobres, se não se podem vendê-las a quilo?*

No último sábado, no trem para Gillingham, ouvi o *Memória de camponês*, um CD chinês cantado por um grupo de mulheres num ritmo suave e com profunda emoção. O texto da capa dizia: "Nos campos chineses, esta canção vendeu muito bem".

Eu sabia o quanto aqueles camponeses e agricultores gostavam dessa antiga canção dos anos 50 sobre a estima de Mao Zedong por seu povo, e como eles a relembraram com carinho quando os entrevistei, nos anos 90. Ficaram comovidos e reconfortados com a canção, porque ela mostrava a preocupação de Mao para com eles. Mao, porém, alguma vez lhes dera algo além de palavras?

Tentei descobrir uma resposta durante minha época de apresentadora de rádio no início dos anos 90, com o meu *talk show* para mulheres. Fiquei um pouco surpresa com uma mulher em Shaaxi. Ela, com seu marido surdo-mudo e as três filhas, todas pré-adolescentes, vivia em uma casa pobre e desarrumada, com um buraco no telhado coberto por um pedaço de plástico, mas tinha um retrato de Mao na parede. Contou-me como sentia saudades de Mao: "Ele era uma pessoa tão gentil, que entendia a nós, camponeses pobres. Meu pai me contou que foi Mao que nos salvou de uma guerra que durou anos, e que de outra maneira teríamos perdido mais vidas nas batalhas. Não sei muita coisa sobre aquela época. Mas sei que quando eu era pequena, às vezes tínhamos uma colheita ruim, e então Mao nos mandava comida. Mas agora, quem se importa com os pobres e humildes camponeses?".

Eu não conseguia entender por que um número tão grande de pessoas seguia o presidente Mao, mas em muito pouco tempo isso mudou, e ninguém mais tinha tal benevolência com nossos camponeses. Eu não pude dar-lhe minha opinião, talvez eu não tivesse nenhuma, porque meus conceitos eram limitados a um tempo e uma vivência diferentes, a uma vida distinta.

Em 1992, fiquei bastante chocada com uma outra mulher, com cerca de quarenta anos, chamada Xie Dong, que significa "Graças a Mao", e que fora assim batizada pela mãe nos anos 50. Ela disse-me que sua mãe lhe deu esse nome porque, pela primeira vez naquela região, as mulheres ganharam o direito de dar nomes aos filhos e de conservar o próprio nome depois do casamento.

Perguntei a ela: "Você acredita que o presidente Mao liberou as mulheres?".

"Sem a menor dúvida!" Sua voz era bastante determinada.

"Mas por que você ainda vive em condições de tamanha pobreza, ainda sem eletricidade e água corrente, mais de trinta anos depois do governo dele?" E apontei para a sua casa inacreditavelmente pobre.

"Isso não é culpa dele. É por causa daqueles funcionários corruptos! Ele não sabia. Estava tão velho e doente..." Ela suspirou.

Em parte, ela tinha razão. Desde os anos 90, os chineses foram encorajados a fazer donativos para os camponeses pobres em todas as festas tradicionais e em todas as datas nacionais, porém a maior parte das contribuições ia para os bolsos dos parentes dos funcionários; muito pouco chegava aos pobres no campo.

Esse tipo de conversa ajudou-me a entender um pouco mais por que Mao — que aos olhos de muitas pessoas, especialmente no Ocidente, é visto como um homem mau que fez seu povo de idiota, matou milhões e deixou a China afundar na pobreza — ainda é amado e reverenciado por muitos chineses, e não apenas camponeses e agricultores. Porque ele trouxe paz à China depois de quarenta anos de guerra (1910-49), porque compreendeu aqueles camponeses e agricultores (então mais de 90% da população) e lhes deu o que eles precisavam.

Em 1995, perguntei a uma mulher que vivia perto da cidade natal de Mao, Shaoshan: "Se você pudesse optar entre essas coisas, quais escolheria: dinheiro e terra, marido e filhos ou democracia e liberdade?".

Ela pestanejou e disse: "Dinheiro e terra? Isso sempre pertence aos homens; marido e filhos são a vida de uma mulher, meu deus e meu dever. Qual foi a última coisa que você disse? Um pouco de óleo e porcos? Quanto isso vale por quilo?", ela perguntou (em chinês, óleo, *you*, pronuncia-se do mesmo modo que parte da palavra liberdade, *zi-you*, e porco tem o mesmo som de parte da palavra democracia, *min-zhu*).

Você realmente pode ajudar quem não tem condições de vida adequadas nem instrução a entender conceitos como "liberdade política" e "democracia"?

De qualquer modo, fico feliz porque, no relatório de Wen Jia-Bao para a abertura do Congresso Nacional do Povo, o primeiro-ministro da China apontou o abismo entre a vida urbana e a rural. O governo parece estar começando a prestar mais atenção à pobre região oeste do país: a vida dos camponeses e agricultores poderá melhorar com o corte de impostos ao longo dos próximos cinco anos, e 1,2 bilhão de *renminbis** poderiam ser gastos em educação na área. Se funcionar.

---

* *Renminbi* é o nome oficial da moeda chinesa. (N. T.)

# 16 de abril de 2004

*A história dos Guardas Vermelhos, do barqueiro esquecido e da gata que reuniu uma família.*

O sr. Chopsticks* tinha uma gata chamada Mimi — uma dama felina muito chinesa. Mimi ficou muito assustada quando os Guardas Vermelhos vieram à sua casa e destruíram tudo o que havia de valor: pinturas originais de artistas famosos como Xu-Beihong, cerâmica das dinastias Tang e Song, móveis da dinastia Ming. Mas ela ajudou o sr. Chopsticks a esconder algumas velhas fotografias da família em seu cesto.

Alguns dias depois, os Guardas Vermelhos voltaram para "limpar" a casa vazia, em que restaram apenas camas, mesas, cadeiras e alguns utensílios comuns de cozinha. Um guarda se deu conta de que não tinham revistado a cama de Mimi, então pisou no seu rabo, fazendo-a miar e fugir. Eles encontraram as fotos escondidas ali. Ficaram tão zangados que agarraram Mimi e deram-lhe uma "lição revolucionária": penduraram-na pelas patas dianteiras na árvore que havia no quintal do sr. Chopsticks, com um letreiro que dizia "gato capitalista" amarrado em sua coleira,

---

* Nome em inglês dos "pauzinhos" orientais usados às refeições, aqui mais conhecidos pelo nome japonês, *hashi*. (N. T.)

depois despejaram molho de pimenta no seu focinho e espancaram seu pequeno corpo com um cinto de couro. O sr. Chopsticks foi forçado a assistir a tudo até o fim, quando então os soldados a levaram embora. Seu coração doía.

O sr. Chopsticks ficou muito doente depois disso, e nenhum de seus filhos podia cuidar dele, pois a maior parte tinha sido enviada ao campo para ser "reeducada pelos camponeses", enquanto outros tinham vergonha de descender de um capitalista, e não queriam contato com ele naqueles tempos vermelhos.

Passaram-se três meses, até que, em uma manhã escura de inverno, o sr. Chopsticks ouviu um barulho na porta. Ao abri-la, ficou chocado com o que viu: sua gata, Mimi, estava deitada no chão, só pele, osso e sujeira, olhando-o com olhos moribundos. O sr. Chopsticks não foi capaz de salvá-la: ela morreu poucas horas depois.

Não conseguiu, porém, decidir-se a enterrá-la, mantendo consigo seu corpo frio, que segurava e acariciava seguidamente, durante vários dias. Então descobriu alguma coisa nos pêlos e nas patas: pedaços de palha seca de arroz, verniz de barco com cheiro de peixe e pó de milho.

Onde ela teria estado? O sr. Chopsticks morava em Nanjing, cidade próxima ao rio Yangtze, só que não do lado norte, onde havia campos de arroz. Como era possível? Teria ela sido levada ao outro lado do rio e trazida de volta de barco? Enviou um telegrama aos sete filhos, dizendo que estava para morrer e queria vê-los. Disse-lhes, então, que a única coisa que desejava antes de morrer era saber onde Mimi estivera. Seus filhos tomaram uma decisão: reconstituir a jornada de Mimi até a casa.

De início, não conseguiram nenhuma informação. Mas quando as pessoas da margem norte do rio ouviram falar da "caça à gata", muitas que conheciam o sr. Chopsticks se juntaram à busca, pois ele as ajudara no passado, quando estavam em dificuldades, ou sem dinheiro, ou sem emprego, ou quando suas casas foram inundadas. O filho de um pescador disse ter ouvido a respeito de Mimi de um operário de uma fábrica de barcos. Um dia ele viu um gato usando uma coleira com o nome do sr. Chopsticks escondido em um fardo de palha de arroz, quando estava a caminho de casa vindo da fábrica. Ele ouviu sua família falar sobre a gata do sr. Chopsticks, e então a levou para casa. Sua mãe disse que a gata estava muito doente e precisava de tratamento, antes que pudesse ser devolvida, por isso alimentou-a com leite de arroz todos os dias. Mas a gata parecia sempre muito infeliz. Passadas duas semanas, a família, preocupada com o fato de que ela morreria logo, entregou-a ao dono da balsa para que a conduzisse de volta ao outro lado do rio. O operário não sabia o que aconteceu depois, mas deu o nome do balseiro.

Os filhos do sr. Chopsticks foram falar com o balseiro, que lhes pareceu sentir-se culpado. Ele contou-lhes: "Eu não tinha idéia de como cuidar de um gato. Estava frio, portanto a pus perto da fornalha do motor. Daí ela desapareceu. Não me preocupei com isso, pois o barco ainda estava no meio do rio, mas então alguém gritou: 'Agarrem aquele gato! Ele roubou minha comida!'. Eu tinha esquecido de alimentá-la! Corri para fora da sala de máquinas e fiz de tudo para encontrá-la. Mas não consegui. Sinto muito".

Como Mimi saíra da balsa e voltara para casa da margem do rio até o centro da cidade, cheio de carros e de gente? Ninguém pôde descobrir.

Mas o Ano-novo seguinte foi a primeira vez em que todos os filhos do sr. Chopsticks passaram a data com ele depois de muito tempo. Conversaram sobre a jornada de Mimi e sua procura, e suas expressões eram cheias de respeito. Estavam orgulhosos de serem filhos do sr. Chopsticks.

O sr. Chopsticks é meu avô. Li esta história no seu diário: "Ganhei meus filhos de volta, meu amor e minha família, tudo graças à jornada de Mimi para casa".

# 30 de abril de 2004

*Mudam milhões para uma nova cidade, movem montanhas inteiras... Os chineses são surpreendentes.*

"Isto é galinha?", perguntou um editor de Portugal. "Não, é peixe cozido no vinho", respondeu a garçonete. "Isto é peixe?", perguntou um agente italiano, apontando para outro prato. "Não, é porco no vapor." "Isto é carne?", perguntou um editor norueguês. "Não, é tofu..."

Houve um sem-fim de perguntas assim dos meus catorze amigos ocidentais, no primeiro dia de nossa viagem a Beijing. Estávamos ali como participantes de uma excursão chamada "Abra os olhos para a China de hoje", e embora eles "conhecessem" a China por anedotas, guias e livros de história, nenhum deles jamais estivera lá.

"Estou renomeando o mundo todo de novo", disse um editor francês. Apesar de ser chinesa, eu sentia o mesmo.

"Aquele é realmente o Hotel Beijing, o famoso hotel do Partido?", perguntei ao meu guia chinês dois dias depois.

Hotel cinco estrelas, localizado no centro de Beijing, perto da praça Tiananmen e da rua principal Wang-Fu-Jing, era o melhor e maior da cidade. Era também o edifício mais alto da China e, antes de 1990, todo chinês em visita a Beijing tirava uma foto em frente à sua fachada. Lembro-me da primeira vez em que ergui os olhos para ele, em 1984, e do que as pessoas diziam: "Vejam, vejam, há pessoas com cabelos dourados e de rostos negros lá dentro." "Um, dois, três... oh, meu Deus, são dezoito lojas!" "Ouvi dizer que só os convidados do presidente Mao ficam ali." "Vamos, estamos na fila. Saia se já tirou a sua foto." "Fiquem longe do portão da frente. Vão embora."

Agora que voltei, posso realmente me hospedar nele com meus amigos ocidentais, muito embora nenhum de nós seja convidado de Mao Zedong ou Deng Xiaoping ou Jiang Zemin. Algumas das vozes ainda são, no entanto, as mesmas.

Uma multidão de agricultores, camponeses e guardas está postada em frente ao edifício. "Que hotel movimentado", dizem. "Um verdadeiro hotel do Partido."

Na manhã seguinte, enquanto meus amigos foram visitar a Cidade Proibida e o meu quarto estava sendo arrumado, não consegui tomar um cafezinho sequer, porque todos os três cafés estavam sendo usados para conferências do governo. Não havia espaço para o meu computador no *business center* — na verdade, não havia sequer uma cadeira para sentar, enquanto eu esperava para poder entrar no meu quarto. Voltei à recepção.

"Por que vocês oferecem acomodações para excursões se não têm como acomodá-las?"

"Precisamos ganhar a vida", disse, com um sorriso simpático, uma gerente. Suponho que estava familiarizada com a pergunta.

"Mas e esses que já estão aqui?", perguntou outro hóspede desalojado.

"Sinto muito por isso. Na China, as palavras dos nossos líderes e patrões são lei, não podemos desconsiderá-las. Este é o Hotel Beijing." Sua voz soou suave e orgulhosa.

"Corruptos", disse uma mulher chinesa com seus quarenta

anos, em pé atrás de mim. Usava um tailleur e carregava uma pilha de pastas.

"O quê? Você está falando comigo?" Virei-me para ela.

"Estou falando para mim mesma. Odeio essa gente corrupta." Olhava para os locais de reunião apinhados.

"Por quê? Você os conhece?"

"Você já viu alguém sair desses salões de reunião com as mãos vazias?" Ela não olhou para mim.

"Não, mas eles podem estar carregando pastas de negócios." Eu realmente não queria que meu prazer com o hotel fosse destruído pela aversão dela.

"Você é mesmo chinesa?" E finalmente ela olhou para mim, atentamente.

"Isto é a Grande Muralha?", uma editora inglesa perguntou então ao nosso cicerone chinês, segurando um guia turístico. "No meu livro, essa área é pedregosa e árida, mas olhe, está tudo verde." Ela mostrou-lhe uma página.

"Oh, seu livro deve ser velho. Está vendo? Foi publicado em 2000, é velho demais. Aquelas são árvores plantadas nos últimos anos."

"São todas árvores novas?" Mais vozes altas, quando editores australianos e americanos se juntaram a nós.

"Sim. O que há de errado com elas?" Vi que o cicerone não entendia por que aqueles ocidentais estavam tão surpresos.

"Quantas pessoas e quanto tempo foram necessários para cobrir tantas montanhas de árvores?"

"Foi tudo em poucos anos, depois de termos sido advertidos de que Beijing poderia ser soterrada pela poeira vinda do norte."

"Entendo, mas é uma área tão grande." Minha amiga ocidental ainda não podia acreditar.

"Somos chineses. Podemos mudar 30 milhões de pessoas de suas casas velhas e pobres para os novos edifícios de nossa maior cidade, Chong-Qing, em apenas sete anos. Por que não poderíamos cobrir algumas montanhas de árvores?"

Não fico, porém, de fato surpresa por ocidentais que sabem alguma coisa sobre Beijing questionarem se as árvores e as flores dessa verdejante e colorida capital são reais — afinal, elas freqüentemente eram feitas de plástico.

# 11 de junho de 2004

*Vinte anos depois de ouvir falar nisso pela primeira vez, vi-me esquadrinhando uma rua chinesa à procura de um* HongDu-Dou.

Ela estava ali de pé, silenciosa, carregando algumas flores silvestres. Era 1984, e a maioria dos chineses das cidades só podia oferecer-se beleza plástica em vez de pagar o preço em tempo e água exigidos por plantas de verdade. Seus olhos acompanharam alguns estrangeiros pitorescos, depois deram em mim, a primeira chinesa que vinha comprar-lhe flores nos sete anos em que ela as estivera vendendo.

"Quanto por um buquê?" Eu nunca havia comprado flores de verdade antes.

"Cinco *fen*."

"É o mesmo preço para aqueles *Lao-wai* [estrangeiros]?" Não pude acreditar que ela ficava ali de pé o dia inteiro por apenas aquele dinheiro trocado. Além disso, eu também sabia que muita gente cobrava daqueles estrangeiros de nariz grande e cabelos dourados um "preço especial".

"Por que eu haveria de vender a eles por um preço diferente? Eles gostam de flores do mesmo jeito."

"Elas realmente deviam valer mais, são tão bonitas", eu disse.

"Eu sei. É por isso que eu as colho antes que sejam destruídas."

"Destruídas?"

"Eles estão escavando para revelar os Guerreiros de Terracota da dinastia Qin, e muita coisa está sendo destruída. Estas belezas são presentes dos céus. Você foi ver os Guerreiros? Você tem de rezar e se proteger depois. Vejo que gosta de flores, é por isso que estou lhe contando, não posso deixar que você seja castigada."

"Castigada? Pelo quê?"

"Isso não pode ser dito, mas todos os moradores locais sabem. Os Guerreiros de Terracota foram descobertos em 1974, e então, em 1975, o governo decidiu revelá-los. Você se lembra de 1976? Perdemos os nossos três líderes: o presidente Mao, o primeiro-ministro Zhou Enlai, o comandante dos militares, Zhu De — e aconteceu o terremoto de Tang-Shan, com 300 mil vidas perdidas."

Fiquei chocada. Era verdade que todas aquelas coisas tinham acontecido.

"Como devo rezar e me proteger?", disse-lhe, pedindo um conselho.

"Não se assuste, você não fez nada de terrível. Pegue um pouco de incenso para queimar, depois reze quando a fumaça subir aos céus."

"É só isso?"

"É só isso, se você não for culpada de nenhuma má ação."

Agradeci-lhe, comprei dez maços de flores silvestres e fui embora.

"Espere!", ela gritou para mim. "Você precisa tentar conseguir um *HongDu-Dou*."

"O que é isso?"

Ela sacudiu a cabeça. "É uma pena. Nossas jovens não têm idéia da beleza tradicional. Você deve conhecer aquele pedaço de seda vermelha que as crianças usam nos pôsteres de Ano-novo. Menina tola, é muito bom para uma mulher usar isso na cama com o marido. Você devia arranjar um, apesar de ser jovem, porque isso pode ser logo logo esquecido se a nossa vida continuar mudando desse jeito."

No mesmo dia, comprei o melhor incenso que pude e rezei, mas não consegui encontrar um *HongDu-Dou*. Disseram-me que ele havia desaparecido muito tempo antes, na Revolução Cultural.

Duas semanas atrás, voltei a Xi'an com meus amigos ocidentais, em uma viagem de trabalho. A cidade melhorou tanto que eu não podia ter certeza de ter estado ali antes. Disseram-nos que novas avenidas vazias haviam sido construídas, e milhares de árvores plantadas, prontas para a Olimpíada de Beijing em 2008.

Quando fui novamente até os Guerreiros de Terracota, não pude encontrar a mulher com suas flores silvestres. Há centenas de pessoas vendendo artesanato para turistas, mas nada de natural.

Disse ao meu marido que queria encontrar esse *HongDu-Dou*, e ele seguiu comigo pela rua estreita e sinuosa que passa por baixo das velhas muralhas da cidade. Havia comida tradicional local e roupas infantis — sapatos de tigre, chapéus de leão e casacos de bebê de gatinho —, mas nenhum *HongDu-Dou*. Ninguém sequer sabia o que era isso.

No meu último dia em Xi'an, voltamos àquela rua e, finalmente, em uma banca minúscula, eu encontrei. Quem vendia era uma jovem: ela ficou ao mesmo tempo muito feliz e muito surpresa quando comprei todos os trinta *HongDu-Dous* que tinha. "Para que você os quer?", ela perguntou.

"Para a sua felicidade", eu disse, "e a de meus catorze amigos ocidentais, que vão ganhá-los como presentes chineses tradicionais do meu coração chinês."

# 25 de junho de 2004

*Os fantasmas de Qing-Zang: quando Xinran conheceu uma mulher que passara trinta anos procurando seu marido perdido no Tibete, sentiu-se inspirada a escrever sua história extraordinária. Mas então também sua personagem desapareceu...*

Em 1994, uma mulher idosa vestida com roupas tibetanas cheirando fortemente a pele de animal, leite azedo e esterco sentou-se diante de mim na cidade de Suzhou, na China, e começou a descrever os trinta anos que passara procurando pelo marido no platô tibetano. Na época, eu estava trabalhando como jornalista, e fizera a viagem de quatro horas de ônibus desde Nanjing para entrevistá-la. Seu nome era Shu Wen. Um ouvinte do meu programa de rádio ligara para mim depois de encontrá-la, por acaso, em uma banca de rua: ele nunca me ouvira falar sobre a vida das mulheres no Tibete, por isso achou que eu gostaria de conhecê-la. Ele estava certo: vi-me tão enredada em sua história que esqueci de fazer-lhe todas as perguntas importantes. Fiquei tão absorvida por suas descrições do Tibete que somente reparei na pele áspera de suas mãos trêmulas e no constrangimento profundo em seus olhos. Não me dei conta, então, de quão pouco eu realmente conhecia sobre o modo de vida tibetano. E não podia saber que essa era uma história que eu nunca esqueceria.

"Por que você foi para lá?", foi a única coisa que consegui perguntar.

"Por amor", disse ela. "Meu marido era um médico do Exército de Libertação do Povo. Sua unidade foi mandada para o Tibete. Dois meses depois, contaram-me que ele fora dado como perdido em ação. Estávamos casados havia menos de cem dias. Recusei-me a aceitar que estava morto. A única coisa que pude pensar foi em ir para o Tibete e encontrá-lo."

Olhei incrédula para ela. Não podia imaginar como uma mulher jovem à época — 1958 — pôde ter sonhado em ir para um lugar tão distante e aterrorizante quanto o Tibete. Ela também era médica, e, depois que ele desapareceu, decidiu juntar-se ao exército e partir à sua procura: era o único modo de ela viajar para o Tibete.

Ao anoitecer, Shu Wen havia contado apenas uma parte de sua história. Sugeri dividirmos um quarto de hotel naquela noite e continuar nossa conversa no dia seguinte. Ela concordou do mesmo modo conciso com que respondera a todas as minhas perguntas. Quando não estava empolgada em me contar sobre as suas experiências, sua voz era monótona e lacônica; falava chinês com um forte sotaque tibetano. Eu ansiava por extrair mais dela, por poder fazer todas as perguntas que estivera guardando durante o dia — mas ficou claro que ela considerava a conversa daquele dia encerrada.

Eu estava preocupada porque seu grande corpo poderia não caber na estreita cama de solteiro do quarto do hotel. Mas antes de tirar sua túnica tibetana, Shu Wen removeu dela seus pertences, como um mágico tirando pássaros de uma cartola.

De dois bolsos internos saíram livros e dinheiro, e de bolsos na manga, algumas pequenas bolsas de pele de carneiro. Da bota direita, ela tirou uma faca, e da esquerda, alguns mapas da China. Enfiou a mão do lado de dentro da cintura da túnica e extraiu dois grandes sacos vazios de couro. Então removeu o comprido cinto de seda, no qual estavam pendurados ainda mais saquinhos de couro e ferramentas.

Fiquei olhando, atônita: sua túnica revelou ser também sua bagagem. E ainda se transformou em sua cama. Ela a estendeu por cima da armação da cama do quarto como se fosse um colchão, pôs o cinto de seda por cima dos livros e dos mapas para fazer um travesseiro, e então enfiou todos os seus pertences dentro das mangas da túnica, com exceção da faca: esta ficou em cima do travesseiro, ao seu lado. Por fim ela se deitou, enfiou os punhos das mangas debaixo do travesseiro e cobriu as pernas com os dois sacos de couro. Tanto seu corpo como suas posses estavam perfeitamente protegidos. Por baixo da túnica e de toda aquela bagagem, ela era miúda.

Não creio que tenha notado minha perplexidade quando me deitei na outra cama. Senti-me como se tivesse acabado de vivenciar um pedacinho da vida tibetana, e iria vivenciar mais quando fosse a Qinghai no ano seguinte, para tentar entender pelo que Shu Wen havia passado. Lá pude testemunhar a incrível engenhosidade do povo tibetano, que consegue viver com recursos muito escassos. Eu iria ver pedras empilhadas para marcar direções, comida escondida na terra congelada para ser recolhida depois, madeira armazenada embaixo de pedras para ser usada como combustível. E compreenderia que os sacos de couro que Shu Wen estendera por cima das pernas serviam para transportar alimentos secos, como farinha de cevada e coalhada, em viagens.

No dia seguinte, Shu Wen terminou sua história e nos separamos. Somente dois dias depois me dei conta de que não tinha sequer perguntado os nomes das roupas e dos ornamentos que ela usava, que dizer dos protagonistas de sua história. Tudo o que eu sabia era o nome dela, e que era chinesa, não tibetana como meu amigo originalmente pensara. E não tinha idéia de como encontrá-la de novo.

Liguei para o ouvinte que me sugerira o encontro, mas ele também não sabia onde ela estava. "Conversamos enquanto tomávamos uma tigela de sopa de arroz. Ontem ela me mandou uma lata de chá verde do vendedor de arroz fermentado como agradecimento, e disse esperar que Xinran pudesse contar sua história e que todas as mulheres apaixonadas pudessem ser inspiradas por ela. Xinran, eu realmente não sei para onde ela foi." E foi por isso que tive de escrever sua história.

Eu já estivera uma vez no Tibete, em um trabalho jornalístico, em 1984. Foi uma viagem curta, de cinco dias, ao leste da região montanhosa de Qing-Zang, habitada por uma mistura de tibetanos, mongóis e chineses. Pela primeira vez em minha vida, experimentei o que era viver em silêncio. Dificilmente ouvia qualquer conversação. Os tibetanos que vi pareciam comunicar-se quase exclusivamente por linguagem corporal. Senti-me esmagada pela altitude, pelo vazio da paisagem, inspiradora de um temor reverencial, e pelas severas condições de vida. Como teria sido para uma jovem mulher chinesa viajar por ali trinta anos antes?

Fiz a viagem ao Tibete novamente em 1995. Queria acompanhar os passos de Shu Wen e ver as coisas que ela me contara sobre a conexão mística entre humanos e natureza, cores e silêncio, iaques e abutres. Ela contara-me histórias sobre pedras *Ao-Bao* e *Mani*, orações budistas gravadas em grandes rochedos no alto das montanhas. E sobre homens que costuravam e mulheres multicoloridas que tilintam. Como as roupas tradicionais eram feitas de couro e metal, e costurá-las era um trabalho fisicamente pesado, a confecção era, e ainda é, principalmente uma ocupação masculina. As mulheres tibetanas, não importa quão pobres, dão grande importância às suas jóias, e aonde quer que se vá, lá está o tilintar de sininhos e guizos quando se movem.

Eu sabia do sepultamento no céu e do sepultamento na água. Somente quando mulheres morrem por doença são sepultadas na terra; caso contrário, o corpo é limpo, depilado e então cortado em vários pedaços, para serem comidos pelos pássaros, mandando a alma de volta aos céus. Os corpos das crianças são devolvidos à água, as mãos pintadas de vermelho para protegê-las dos deuses. Achei difícil acreditar no que Shu Wen me contara até que vi com meus próprios olhos. Tudo completamente diferente da vida que levo, e mesmo dos muitos livros que li.

Então, a fim de contar sua história como se deve, passei quase oito anos conversando com pessoas no Tibete e na China, e lendo mais livros. Antes de começar a escrever *Enterro celestial*, eu não tinha idéia de que havia tantos tibetanos vivendo naquelas montanhas, todos com costumes, crenças, estilos de vida e línguas diferentes.

Depois de todo esse tempo e de todo esse trabalho, ainda acho difícil entender completamente a vida de Shu Wen — o que ela fez em nome do amor, e como ela, de uma médica chinesa de vinte e seis anos, transformou-se em uma budista tibetana. Depois de trinta anos, ela de fato descobriu a verdade sobre seu marido. De muitos modos, sinto que também sou uma das leitoras de meu próprio livro — uma leitora que ainda tem muitas perguntas que gostaria que ela pudesse responder. Não posso e não quero inventar essas respostas sem ela.

Não sei se eu poderia ter suportado as coisas que Shu Wen suportou. Mas gostaria de pensar que sim, se tivesse de fazer isso, em nome do amor, seja como amante, filha ou mãe. Por ter escrito meu primeiro livro, *As boas mulheres da China*, uma coisa eu sei: muitas mulheres chinesas também dedicaram suas vidas às suas famílias e ao amor, e muitas suportaram tanto quanto Shu Wen.

Vou continuar tentando, como tenho feito nos últimos dez anos, encontrar Shu Wen. No final de *Enterro celestial*, escrevi uma carta a ela, perguntando onde está. Talvez, quem sabe, um dia ela responda.

# 9 de julho de 2004

*Tarde da noite uma batida na porta — será a volta da Revolução Cultural? Não, é hora do pontapé inicial.*

Na semana passada, fiquei realmente preocupada com os dois homens da minha vida, meu marido e meu filho. Eles estavam assistindo à final da Eurocopa 2004, e ficaram simplesmente agitados demais. Percebi o quanto é importante ter pílulas à mão — você nunca sabe quando alguém vai ter um ataque do coração.

Pessoalmente, não consigo entender por que eles ficam tão envolvidos em batalhas alheias, mas sei que o futebol é um jogo que também deixa os chineses enlouquecidos, ainda que suas "bolas" sejam sapatos, melões velhos, sacos cheios de grama, pedras ou galhos grossos de madeira.

A primeira vez em que realmente tomei conhecimento do futebol foi quando li um livro sobre soldados comunistas chineses jogando bola com seus prisioneiros, em 1949: "... ninguém, em nenhum dos lados ou nas arquibancadas apinhadas, lembra-se de quem é o vencedor ou o perdedor da guerra. Todos se concentram no jogo, que segue as regras e não é complicado por nenhum pensamento político. A bola é muito velha e remendada, mas ninguém se importa. Eles gritam e dão vivas; aplaudem cada gol, seja marcado por amigo ou inimigo [...] A dor foi esquecida, o ódio, perdoado".

No livro, uma velha camponesa passa e pergunta: "O que eles estão fazendo?".

"Lutando", diz alguém.

"Lutando? Eles ainda estão batalhando um contra o outro depois de tantas mortes?" Ela fica muito desconcertada.

"Não", tenta acalmá-la um velho, "eles estão lutando por uma bola, não um contra o outro."

"Por uma bola? Por quê? Tantos rapazes lutando por uma bola remendada? Pobres crianças, quando eu tiver dinheiro, vou comprar uma bola para cada um, e eles não precisarão mais brigar."

Minha segunda experiência com o futebol aconteceu em 1986, quando fui acordada uma noite por batidas na porta e vozes apressadas do lado de fora. Meu primeiro pensamento foi que a Revolução Cultural começara novamente. Fiquei aterrorizada: não podia esquecer o sofrimento que vivi em criança, e freqüentemente tinha pesadelos com aquilo.

"Abra a porta, já é tarde!", ordenaram as vozes.

"Quem são vocês? O que querem a esta hora da manhã?", perguntei enquanto me vestia.

"Abra a porta... é tarde, ande logo!", eles começaram a implorar.

Eram meus amigos. Assim que abri a porta, mais de dez deles entraram correndo no meu apartamento de dois dormitórios, que tinha um dos muito raros televisores em cores do lugar. Fiquei ali de pé, olhando enquanto eles enchiam minha pequena sala de estar e ligavam a tevê. Nenhum teve tempo de dizer "olá".

Depois de uma hora e meia, minha geladeira tinha sido esvaziada e o meu piso lindamente limpo estava coberto de pegadas enlameadas, lixo, copos e tigelas sujos. Foi para mim uma oportunidade de ver um outro lado dos meus amigos mais próximos: eles abandonaram completamente qualquer aparência de comportamento cavalheiresco.

Isso, é claro, foi na Copa do Mundo de 1986, quando poucos chineses tinham televisores ou, ainda, espaço suficiente para as pessoas assistirem juntas à tevê em grandes grupos. Os jogos aconteciam às três da manhã pelo horário chinês.

Minha terceira experiência com o futebol aconteceu tarde da noite, em 1996. Como o meu programa de rádio era transmitido à meia-noite, eu sempre fui uma das últimas a sair do edifício. Sonhava que algum dia iria ter outros colegas com quem compartilhar as histórias dos meus ouvintes, para não ter de terminar a noite sentindo-me tão exausta, voltando para casa sozinha no escuro. Por meio do futebol, realizei metade desse sonho.

Havia terminado a transmissão com o telefonema de um marido bêbado que, acidentalmente, matara a esposa com uma garrafa quebrada de cerveja. Foi difícil parar de ouvir sua voz ao telefone, falando de um hospital, onde sua mulher morrera menos de uma hora antes e onde a polícia esperava para prendê-lo. As luzes ainda estavam acesas na maioria das outras salas, porém o edifício estava em silêncio. Perguntei-me se havia outra busca secreta em andamento, por "motivos políticos".

Estava errada. De fato, todas as salas estavam ocupadas por colegas homens com lágrimas nos olhos.

Fiquei comovida, pensando que tinham ouvido minha entrevista no rádio com o marido emotivo. Então me sentei ali, quieta, gozando a triste emoção coletiva. Os telefones tocaram, mas ninguém se mexeu para atender.

"O.k.", disse eu por fim. "Tenho de ir." Eu tinha de voltar para casa para ficar com meu filho, que estava aos cuidados de uma babá de dezessete anos. "E vocês?"

"Temos de ficar", disse alguém. "É esse o acordo."

"Que acordo?"

"Não faça perguntas demais, está bem? Fizemos um acordo antes do jogo desta noite: se perdêssemos, ninguém poderia ir para casa dormir. Teríamos todos de ficar no escritório em preparação para o próximo jogo."

Eu não disse uma palavra.

Ao longo dos dias seguintes, quase todas as mulheres ou namoradas daqueles homens ligaram para a minha sala.

"Xinran está aí?", disseram. "É verdade que meu marido ficou no escritório aquela noite depois do jogo? Ele disse que você é uma testemunha ocular — você é? O que eles fizeram? Por que ninguém atendeu ao telefone?"

Se ao menos as mulheres também tivessem algum jogo que lhes desse tal licença para furtar-se de seus deveres domésticos...

# 23 de julho de 2004

*Se a etiqueta diz "made in China", a maioria dos chineses simplesmente não quer nem saber.*

Por toda a China, nos mercados das cidades, você vai ouvir algo assim: "Veja esta bela camisa de seda, feita na América", "Veja estes sapatos de couro genuíno feitos no Japão", "Aqui: o melhor chocolate de todos, feito na Inglaterra!". Numa excursão de editores pela China, em abril, meus amigos ocidentais perguntaram-me o que aquela gente estava gritando. Não soube o que dizer. Igualmente, achei difícil responder à pergunta do meu filho adolescente PanPan no ano passado, em uma loja de departamentos de Shanghai. Uma vendedora mostrou-nos uma frigideira que ela alegou ter sido feita na Itália e "projetada pelo Grande Museu Britânico".

"Você quer dizer que o Museu Britânico está fazendo frigideiras?", PanPan perguntou a ela. Ela estava em pé atrás de uma mesa de demonstração, usando um vestido de noiva ocidental e um véu.

"Sim, rapaz", disse ela, sorrindo, orgulhosa de sua compreensão do mercado internacional. "Você saberia se soubesse ler italiano."

PanPan voltou-se para mim. "Mamãe", disse ele, "quando eles mudaram o Museu Britânico para a Itália? Eles realmente entraram para o negócio de frigideiras?"

Eu disse a ele para ficar quieto, mas me solidarizei — eu mesma já tinha ouvido coisas semelhantes muitas vezes. Uma vez tentei comprar roupas íntimas feitas na China, mas repetidamente me disseram que as melhores vinham da América.

Muitos dos meus amigos chineses ficaram desapontados com os presentes que lhes trouxe do Reino Unido — cabines telefônicas de brinquedo, pequenos táxis londrinos, todos marcados embaixo com um "*made in China*". Enquanto as lojas ocidentais estão cheias de produtos chineses, a China está cada vez mais obcecada por todas as coisas ocidentais — lojas, *fast-food*, hotéis e até arte, literatura e arquitetura.

"Aonde podemos ir para ter uma autêntica experiência de compras chinesa?", alguém me perguntou durante a viagem dos editores.

"Xi'an", eu sugeri, "ou Jinzhou [uma cidade de mil anos na província de Hubei], ou Zhouzhuang [um vilarejo na província de Jiansu]."

Meus amigos chineses perguntaram-me por que alguém iria querer ir lá, onde as lojas estavam cheias de velhos trastes chineses: por que não os grandes e ocidentalizados shopping centers de Shanghai e Beijing? Mas acho que os que visitam a China realmente querem ver esses lugares: a China real.

Xi'an foi a primeira cidade chinesa a se abrir para o mundo antigo, não sob a política de "portas abertas" dos anos 80, mas durante a dinastia Tang, quando era a primeira parada na Rota da Seda. Durante mais de 2 mil anos e por onze dinastias, Xi'an foi a capital da China, desempenhando um papel vital na transposição do abismo entre o Oriente e o Ocidente. Os famosos Guerreiros de Terracota da dinastia Qin em Xi'an, um exército pertencente a um dos primeiros imperadores chineses, são vistos por muitos como a oitava maravilha do mundo.

Quando contei a uma amiga, uma bem-sucedida mulher de negócios de Shanghai, o quanto os meus amigos ocidentais tinham apreciado visitar a grandiosa mesquita de Xi'an, ela achou difícil de acreditar. "O que eles viram naquele lugar velho? O Jardim Yu restaurado de Shanghai é muito mais interessante. Árvores cheias de cantos de passarinhos? Eles podem ter isso em nosso Jardim de Plantas. Espiritualidade? Temos muito mais educação e cultura em Shanghai."

Uma outra amiga, uma jornalista, apontou para a etiqueta no seu vestido Tang chinês, que dizia "*made in China*". "Olhe", disse ela, "isto foi feito na China, mas a etiqueta está em inglês." Qualquer mulher chinesa que fosse incapaz de ler inglês assumiria que fora feito no Ocidente. "Não devíamos ter etiquetas também em chinês?", disse ela. "Não é estranho? Algumas mulheres chegam a querer dar à luz enquanto estão de férias, para que seus filhos nasçam estrangeiros." Ela pareceu triste. "Você sabe, quase tudo o que é bom e é '*made in China*' foi tirado de nós a partir de 1840 [começo das 'guerras do ópio'], e agora só estamos interessados em lixo feito no Ocidente."

Eu não quis compartilhar seu pessimismo. "Mas nós temos uma vida melhor do que tínhamos vinte anos atrás, não temos?"

"Sim. Mas quanto de nossa cultura e de nossas tradições nos restou? Tenho medo de que seja tarde demais para algumas coisas, e de que tenhamos pagado um preço alto demais ao abandonar todas as coisas '*made in China*'."

"É apenas mudança, não é? Por que você se sente tão triste?", comentei.

Mais tarde, falei com outra amiga, uma conhecida escritora, e contei-lhe sobre aquela conversa. "Não se preocupe", ela disse. "Pelo menos nossos corações são feitos na China."

# 6 de agosto de 2004

*As meninas chinesas adotadas por ocidentais evidenciam um grande abismo cultural que precisa ser transposto.*

Desde que escrevi nesta coluna sobre meninas chinesas adotadas, no ano passado, tornei-me uma construtora. Estou construindo uma ponte: uma ponte entre mães e pais adotivos em todo o mundo, depois de receber centenas de e-mails e cartas de pessoas que adotaram órfãos chineses, mais de 99% dos quais meninas.

Também obtive reação de mulheres instruídas de classe média na China (poucas chinesas comuns têm acesso a jornais ingleses). Elas acharam difícil entender como os ocidentais podiam ter a mente tão aberta. Na China, jamais questionamos os arranjos familiares de outros povos — apenas observamos. Definitivamente, não discutimos divórcio e adoção: estas são questões privadas.

Portanto, minhas amigas chinesas ficaram chocadas. "Por que essas mulheres deixaram que todo mundo soubesse que suas crianças são adotadas?", perguntaram. "Como podem admitir para todo mundo que não são capazes de ter seus próprios filhos?" "Pensava que os ocidentais se preocupassem mais com a privacidade do que nós!" "O que acontecerá quando essas meninas crescerem e forem para a China?"

Fiquei entristecida com esse mal-entendido mútuo. Como poderiam as mães biológicas dessas meninas chinesas compreender que seus bebês eram amados e cuidados pelas famílias adotivas ocidentais? Como iria uma mãe adotiva reagir se a sua filha fosse um dia conhecer a mãe biológica chinesa? Essas mães ficariam orgulhosas de suas filhas adotadas por ocidentais, se as meninas voltassem para vê-las?

De fato, muitas famílias adotivas ocidentais também lutam com suas diferenças culturais. Tenho uma amiga inglesa que adotou uma filha chinesa (ela também tem dois filhos biológicos). Ela tentou o máximo que pôde dar à sua filha uma criação chinesa: preparou um quarto "chinês", pintou a parede de um vermelho chinês com recortes de papel de personagens chineses (um deles referindo-se a um casamento), e brinquedos chineses, a maioria, na verdade, para adultos (sapatos para pés deformados "de lótus", um coçador de costas, uma chaleira, um leque redondo tradicional, um vestido Qi ou cheong-sam, uma estátua de Buda, um banco para massagear os pés e até um velho chapéu de senhora). Uma vez a criança, de cinco anos, disse-me: "Não quero ser chinesa porque ganho brinquedos diferentes dos meus amigos".

Algumas famílias perguntaram onde poderiam encontrar roupas e produtos "típicos" chineses para suas filhas adotivas. Mas o que querem dizer com "típicos"? Não creio que seja algo que se possa comprar nas lojas, nem mesmo na China. As crianças crescem como plantas: embora o contorno e a forma do ramo e as suas folhas possam estar muito longe das raízes, ainda existe uma conexão, através da qual obtêm suporte e nutrição.

Psicologicamente, a coisa mais importante para as crianças chinesas adotadas é permitir que se movimentem livremente entre as duas culturas, para que possam se desenvolver e fazer suas próprias escolhas. Para os pais adotivos, um meio de sentir uma conexão maior com a cultura chinesa é ajudar outras crianças pobres ali. Este é o propósito da instituição beneficente que estou criando, a Mothers' Bridge [Ponte de mães] (www.motherbridge.org), que visa dar apoio a pais e filhos adotivos. A despeito dos nossos diferentes sentimentos quanto à privacidade e à família, acredito que todos nós, na China e no Ocidente, temos capacidade de amar. Também quero ser capaz de ajudar crianças adotadas a encontrar uma resposta para a pergunta: "Por que minha mãe chinesa não me quis?".

Concluo com um poema de um autor anônimo, que me foi enviado por uma mãe adotiva.

> Havia duas mulheres que jamais se deram as mãos.
> De uma você não se lembra, a outra chama de "mãe".
> Duas vidas diferentes, concebidas para fazer da sua uma só.
> Uma foi sua estrela-guia, a outra se tornou seu sol.
> A primeira lhe deu a vida, a segunda a ensinou a viver.
> Uma lhe deu a necessidade de amor, a segunda a forma de o oferecer.
> Uma lhe deu uma nacionalidade, a outra, um nome.
> Uma lhe deu um talento, a outra lhe deu um norte.
> Uma lhe deu emoções, a outra acalmou seus temores.
> Uma viu seu primeiro sorriso, a outra abraçou seus tremores.
> Uma buscou para você o lar que não poderia conquistar.
> A outra rezou pelo filho que só a esperança podia lhe dar.
> E agora você me faz, em meio ao seu pranto,
> A antiga pergunta, que não responderam os anos:
> Herança ou meio, de qual deles afinal você brotou?
> De nenhum, meu bem, de nenhum. São só dois tipos distintos de amor.

# 20 de agosto de 2004

*Um par de galinhas inesquecíveis reforçou minha fé na bondade humana.*

Meu filho PanPan, que acaba de fazer dezesseis anos, viajou de Londres até os campos chineses para ensinar crianças, como experiência de trabalho. Eu estava preocupada, mas depois de falar com ele por telefone fiquei mais tranqüila. Sua voz era bem adulta. "Não se preocupe, mamãe. Não é tão ruim como você disse. Faz muito calor, trinta e nove graus. Estive pensando na história das duas galinhas que você me contou."

Uma vez, PanPan me perguntou quais tinham sido as refeições mais memoráveis de minha vida. Contei a ele que havia duas galinhas que me ficaram na lembrança. A primeira, comi em 1992. Estava visitando uma aldeia perto de Hefei, a capital da província de An-Hui, em uma viagem jornalística para "apresentar os camponeses esquecidos".

Fui enviada para ficar com uma família uma noite, um casal com três filhos. Sua refeição diária era trocada por dois ovos de galinha: todos os dias, eles iam trocar os ovos por um pouco de arroz, farinha, óleo e algumas verduras. Obviamente, não estavam em condições de alimentar um hóspede. Eu sabia que seria melhor passar fome do que comer da pouca comida que eles tinham.

A casa tinha paredes de barro e telhado de palha. A mãe não me disse nada à guisa de cumprimento, apenas "Aqui é a sua cama, você vai ter de dormir com as meninas". As filhas pareciam coelhinhos assustados, amontoadas em uma prancha de madeira — sua cama.

Tinham por volta de sete, cinco e dois anos e meio, e estavam agitadas com a minha visita. Abriram a minha bolsa e tiraram tudo de dentro. Fizeram montes de perguntas: o que era um creme facial, para que servia um lenço, o que você põe em uma frasqueira?

A mãe delas gritou para nós do quintal: "Hora do jantar". Segui as meninas através da casa escura até a cozinha, que ficava ao lado de um pequeno galinheiro. As meninas aplaudiram e eu perdi o fôlego: havia uma galinha assada em cima da pequena mesa quebrada.

"Não fique aí parada: venha comer", disse a mãe. Ela ainda estava bastante seca. "Por que você matou sua galinha?", perguntei. "Por favor, não diga que foi por minha causa."

"É claro que foi por sua causa! Você veio de longe, e é nossa hóspede. Apenas coma: não temos outra coisa para alimentá-la." Manteve-se fria e não sorriu, mas eu fiquei, e ainda fico, comovida com a sua bondade.

Quatro anos depois, voltei para ver a família. Haviam enriquecido sob a política de "portas abertas" da China, e eu ganhei vinte galinhas e cem ovos como agradecimento pela minha visita. Mas ainda acho a galinha que comi naquele quintal uma experiência inigualável. Não sei se existe alguém em algum lugar que ofereça metade dos seus bens terrenos a um convidado para o jantar.

Minha segunda experiência memorável com uma galinha foi a primeira refeição que comi fora da China, em Londres, em

1997. Minha amiga e eu estávamos com fome depois de doze horas de vôo. Fomos a um pequeno restaurante perto da estação de metrô de Portland Street. Notamos que estavam todos comendo galinha, então decidimos fazer o mesmo. Mas o nosso inglês não era bom o bastante para pedi-la. Um garçom muito alto e muito sorridente veio perguntar o que queríamos: apontamos para os pratos das outras mesas. Ele sacudiu a cabeça e gesticulou dizendo "Não, não".

"Sim, você ter, você poder", eu disse. "Nós quer galinhar." Meu inglês era bastante básico.

"Olha, olha!", minha amiga, que praticamente não falava inglês, apontou para a mesa ao nosso lado.

"O.k., o.k.", ele disse tentando simplificar as coisas. "Contar. Mim. Qual. Parte. De. Galinha. Vocês. Quer?"

Traduzi para a minha amiga. Ela devia estar morrendo de fome, porque de repente se pôs de pé e apontou para os seus próprios braços, dizendo "Aqui!".

"Não, não, nós não servimos aqui, ou aqui, ou aqui": o garçom tocou seus braços, a cabeça e as duas pernas.

"O.k. Aqui." Minha pobre amiga tinha perdido todo o senso de ridículo: estava dando tapinhas no traseiro e gritando.

"Não, não. Nós não podemos servir só aqui." O garçom também deu um tapinha no próprio traseiro e ergueu a voz: "Vamos ter de servir vocês aqui e aqui, junto". Sua mão direita moveu-se do traseiro para a parte de baixo da perna. A essa altura, todos no restaurante tinham parado de comer para assistir.

Finalmente um outro homem, mais baixo, e que parecia ser o patrão, veio e pôs uma galinha inteira em nossa mesa, dizendo alguma coisa que não pudemos compreender. Mas precisávamos comer antes de começarmos a nos preocupar com o preço ou com o que ele havia dito. No fim, eles só cobraram pelas pernas e pelas asas, e não pela galinha inteira.

Eu contara a PanPan que essas duas galinhas haviam me inspirado a tentar transpor a distância entre pobres e ricos na China, e entre o Ocidente e a China. Elas me fizeram ver que você pode encontrar bondade quando menos espera, não importa onde esteja.

# 3 de setembro de 2004

*Uma história chocante em uma livraria da Nova Zelândia é uma lição de que o ódio é uma emoção que deve ser esquecida.*

A Nova Zelândia foi o primeiro de vinte e dois países que visitei entre 2002 e 2003, para promover meu livro *As boas mulheres da China*. Além de uma programação intensa e de uma série de entrevistas para a mídia, pediram-me para fazer uma palestra em uma livraria feminina em Auckland.

Durante as duas horas e meia em que estive ali, falando e autografando livros, minha atenção constantemente se desviava dos rostos brancos que me rodeavam para uma mulher asiática de cabelos grisalhos, com seus setenta anos. Seus olhos pareciam cheios de perda e tristeza. Ela mantinha-se à parte da multidão, sem se aproximar de mim com uma pergunta ou pedir um autógrafo em seu exemplar.

Quando terminei de autografar os livros, esperei para ver se ela viria falar comigo. Veio, finalmente, a última pessoa a deixar a livraria. Em uma voz mansa, perguntou: "Você gostaria de ouvir a história da minha vida, que mantive em segredo por sessenta anos?".

Eu não poderia dizer que não tinha tempo.

Ela contou sua história quase sem nenhuma pausa. "Fui à China com meus pais quando tinha cinco anos, nos anos 40. Meu pai era um comandante do Exército japonês. Ele mostrou-me como assassinava os chineses, para que eu crescesse com 'um coração de homem'. Nunca permitiu que minha mãe escondesse de mim toda aquela violência. Depois, o Exército chinês veio procurar por ele. Ele escapou, mas eles pegaram minha mãe em seu lugar e a mataram na minha frente. Eu tinha seis anos. Fui salva por um pobre e velho camponês chinês. Ele me levou para sua cidade natal, uma pequena aldeia perto da Grande Muralha, onde fiquei escondida e fui criada pela aldeia inteira, uma família de cada vez, morando em cada uma das suas casas. Na década de 50 eu quase esqueci de onde tinha vindo: tudo o que tinha era uma lembrança de assassinatos. Um dia meu pai chinês, o velho camponês, disse que eu deveria voltar para a minha terra natal, o Japão. Eu era então uma adolescente. Dois meses depois, fui mandada para a cidade com dois homens da aldeia. Eles me entregaram, eu e um anel de ouro, a um homem muito alto, sem dizer nada. Parecia que um acordo já tinha sido feito, e eu também não disse nada. Depois de todos aqueles anos de assassinatos e de vida escondida, eu sabia quando ficar calada. Cheguei ao Japão sem família. Não tinha idéia de onde estava meu pai, se ele estava vivo ou morto, nem sabia falar a língua. Com as poucas palavras que consegui aprender, tentei perguntar às pessoas o que acontecera entre o Japão e a China, mas ninguém queria falar sobre a guerra. Entretanto, na casa de quase todas as famílias havia uma fotografia de um parente morto com uma vela na frente, e isso quase me partiu o coração. Eu não podia dormir só de pensar em toda aquela violência e morte. Sentia saudades dos meus pais, e também do camponês chinês que me dera uma segunda vida. Os parentes que consegui localizar me disseram que eu estava louca e deveria sair do Japão, pois ele estava tomado de lembranças terríveis. Portanto, aqui estou. O país é diferente, as pessoas são diferentes, mas no meu coração, na minha mente, nada mudou. Você não pode se livrar da lembrança de tanto sangue. Vi você na televisão hoje de manhã. Quando você disse que os japoneses e os alemães, como os chineses, têm os mesmos passados difíceis, por causa da guerra e por causa da Revolução Cultural, achei que você seria capaz de entender minha vida."

Fiquei atônita com o fato de aquela mulher ser capaz de contar uma história tão chocante em uma voz tão suave. "Você já voltou àquela aldeia na China?", perguntei.

"Não", disse ela. "Como poderia? Como poderia eu, a filha de um assassino, pedir qualquer coisa aos chineses?"

"Você odeia os chineses? Eles mataram a sua mãe."

"Não. Meu pai os matou também, portanto, estamos na mesma. Acha que, de certo modo, eu sou meio chinesa."

"Acho que você está certa", eu disse a ela. "Devíamos deixar o ódio no passado; amor e esperança são para o futuro."

Ela saiu da livraria em silêncio, sorrindo de leve, mas a história tempestuosa de sua vida ficou-me na memória muito tempo depois que a viagem para promover o livro terminara. Estou agora de volta à Nova Zelândia, em uma segunda viagem (desta vez, para promover meu romance *Enterro celestial*), e vejo que a história daquela velha senhora está inextricavelmente ligada a esse país em minha mente.

Espero vê-la de novo.

# 17 de setembro de 2004

*Os jovens não entendem a loucura e a dor da Revolução Cultural.*

No mês passado, um amigo perguntou-me quanto eu realmente sabia sobre o passado da China, mesmo o passado recente — apenas vinte anos atrás. Tinha lido algum livro chinês sobre a Revolução Cultural, por exemplo? Ele achava difícil acreditar que a China poderia olhar de um modo objetivo para o seu "Período Vermelho" enquanto a geração que o vivenciara ainda estivesse viva. Eu disse a ele que tinha lido dois livros em chinês sobre o assunto, publicados na China, dois meses antes. Um deles era *Parte 1: Lembranças de cem pessoas sobre a Revolução Cultural* por Feng Ji Cai; o outro, *O passado não desaparece como fumaça*, por Yi-He Zhang.

Como alguém que vivenciou esse período da história, esses dois livros trouxeram-me de volta lembranças tão amargas e dolorosas que — muito embora eu estivesse atarefada promovendo meu romance *Enterro celestial* e estabelecendo minha nova instituição beneficente, a Mothers' Bridge — eu simplesmente não conseguia dormir.

Uma das histórias em *Parte 1* era a de uma mulher que matara o pai com as próprias mãos. Ela tentara salvá-lo — um acadêmico idoso — da contínua perseguição dos Guardas Vermelhos, mas seus pais a persuadiram a matá-los, os dois, um após o outro. Ela matou o pai, porém não deu tempo de matar a mãe: os Guardas Vermelhos descobriram que a família estava tentando cometer suicídio. Abraçada à mãe, apertando-a contra o corpo, ambas pularam de uma janela no quarto andar. A mulher sobreviveu, mas sua mãe morreu alguns dias depois. Acusada de homicídio, passou mais de vinte anos na prisão. Suas lembranças dos pais eram muito confusas, ela disse ao autor do livro, e embora comesse três refeições, dormisse e acordasse todos os dias, mal se sentia viva.

Compreendi perfeitamente esses sentimentos de estar morta e viva ao mesmo tempo, e de ter emoções confusas em relação aos pais. Eu tinha sete anos e meio quando aconteceu a Revolução Cultural, e também me comportei como achava que uma "boa filha" faria. Meu pai estava na prisão e escrevi para ele uma frase com sangue tirado de uma picada na ponta do dedo. Dizia: "Você tem de pagar pelo sangue que tirou do povo chinês!". Eu acreditava no que me contaram — que a família do meu pai ajudara os ingleses a beber sangue chinês como se fosse vinho tinto (meu avô trabalhou na empresa inglesa GEC durante mais de trinta anos). Essa carta foi pregada na parede ao lado da mesa de refeições em sua cela na prisão. Nunca falei com meu pai sobre isso; eu sabia que jamais poderia apagar a carta de nossas lembranças.

Em um capítulo do outro livro, *O passado não desaparece como fumaça*, há uma história sobre uma sofisticada família ocidentalizada durante a Revolução Cultural. Uma mãe e sua filha tentaram viver como se nada tivesse mudado: vestiam belas roupas, usavam a melhor porcelana, ouviam estações da rádio inglesa. Logo, no entanto, para impedir que os Guardas Vermelhos vissem essas coisas, decidiram que precisavam destruir tudo. Eu sei como é isso; também vi minhas blusas, meus livros, meus brinquedos, minha boneca adorada, tudo queimado e destruído ao mesmo tempo. A Revolução Cultural foi um período insano, inacreditável e inesquecivelmente doloroso na vida de incontáveis chineses.

Mas fiquei triste ao ler, no final do livro de Feng Ji Cai, que, ao entrevistar jovens chineses, homens e mulheres, sobre seus sentimentos em relação à Revolução Cultural, a maior parte não tinha idéia do que ele estava falando. Alguns deles até perguntaram por que ele inventava esse tipo de coisa. Outros disseram que a China devia ter uma outra revolução para que pudessem escapar dos exames. Eles não podiam acreditar que seus pais tivessem sido estúpidos a ponto de seguir Mao.

Talvez eu não devesse me surpreender com isso: jovens chineses me têm feito as mesmas perguntas desde que meu livro *As boas mulheres da China* foi publicado há dois anos. Eles também acham difícil acreditar que essas coisas aconteceram durante a vida da geração mais velha.

A China precisa de pessoas como esses dois escritores, Feng e Zhang, que estão preparados para escavar a verdade e desvendar fatos dolorosos. Precisamos deles para que uma geração mais jovem de chineses possa saber quão bravos foram seus pais, e quanto lhes devem.

Esses livros podem não ser 100% factuais, mas, como diz Feng, ele precisa proteger as pessoas que contaram essas histórias, mudando nomes, lugares, datas e outros detalhes. Essas pessoas já sofreram demais para ter suas vidas viradas de cabeça para baixo outra vez.

# 1º de outubro de 2004

*Meus amigos na China pedem-me para cuidar de seus filhos em visita — mas tenho de traçar um limite em algum lugar.*

Todos os outonos, desde que me mudei para Londres sete anos atrás, tenho exatamente a mesma conversa telefônica com meus amigos na China — pais cujos filhos vêm estudar em universidades do Reino Unido e da Europa. Eu adoraria gravá-las, mas, é claro, não consegui persuadir ninguém. As conversas, normalmente, são mais ou menos assim (eu falando):

"Sim, você pode comprar acolchoados e travesseiros em Londres. A Inglaterra é um país desenvolvido, você pode comprar tudo o que quiser nas lojas aqui. Sim, até molho de soja e vinagre. De fato, existem pelo menos dez tipos diferentes de vinagre no supermercado. Vinagre chinês? Sim, você pode encontrar nas lojinhas de chineses. Verduras frescas? Nem sempre diretamente no mercado dos sitiantes, mas ainda assim muito boas. Peixes vivos? Não, você só pode comprar peixes mortos. A lei não permite que as pessoas vendam peixes vivos. Eu sei, eu sei o que dizem — que peixes vivos, pulando, são muito melhores para a saúde... Se é caro? Sim, definitivamente. Londres pode ser um dos grandes centros culturais do mundo, mas é também uma das cidades mais caras do planeta. Mas você não pode deixar a sua filha trazer tudo com ela da China..."

Então, a filha chega com três malas gigantescas, uma mochila e uma enorme maleta de mão. Quando fui buscar a menina no aeroporto, o motorista do táxi perguntou onde estavam os outros, os donos de todas aquelas malas.

No decorrer de dois anos de estudo, essa menina recebeu ainda mais suprimentos de um amigo de seu pai que vinha a Londres a negócios várias vezes por ano.

Antes de voltar à China no ano passado, ela despachou para casa duas caixas de roupas de cinqüenta quilos, e deixou uma porção de coisas novas em folha, nunca usadas, no meu apartamento: um conjunto de utensílios de cozinha; uma panela elétrica para cozinhar arroz; onze sacos de molho culinário (cada qual grande o bastante para cozinhar vinte refeições); três sacos grandes de cogumelos secos; doze sacos de algas secas; vinte e quatro embalagens de sopa instantânea; dezesseis sacos de peixe seco; doze pares de hashi; seis caixas para armazenar comida; vinte e duas barras de sabão; quatro frascos de creme facial; cinco frascos de gel para chuveiro; quatro toalhas de banho novas; quatro tubos de pasta de dentes; seis frascos de loção corporal; dois espelhos; duas bolsas; trinta e duas canetas; duzentos envelopes; oito cadernos de capa dura; três blocos de papel... Vou ter de parar por aqui, antes que eu fique sem espaço. Todas essas coisas os seus pais tinham comprado para ela na China.

Este ano, estive falando com a mãe de outra menina:

"Se a carne é segura para se comer? Claro que é. Vacas loucas? Sim, houve um problema alguns anos atrás. Você ouviu falar que uma porção de gente morreu da doença da vaca louca na Inglaterra no ano passado? Onde você ouviu isso? Eu leio um jornal inglês todos os dias e não vi nada a respeito. Você acha que eu estou sendo enganada pela mídia inglesa? Ora, vamos, nós temos um sistema legal adequado por aqui. Você acha que a Inglaterra está cheia de terroristas? Isso não é verdade. Eu estou aqui e não vejo as pessoas vivendo com medo como acontecia conosco na China. Se você está tão preocupada, não mande seu filho para a Inglaterra. É mesmo? Ele não consegue um emprego em Shanghai sem uma qualificação ocidental? O.k., vou fazer o melhor que puder para ajudá-lo. Mas não vou cozinhar para ele nem cuidar dele como você faria. Sim, é claro que eu sei como você se sente, eu mesma sou mãe de um filho, você sabe. Mas eu acho que a melhor coisa para nossos filhos é ajudá-los a ser independentes o mais cedo possível. Eles não podem viver embaixo das asas da mãe a vida inteira. Não é uma questão de ser esse o modo de vida ocidental, e eu não acho que nós devamos deixar os nossos filhos perderem de vista a sua identidade chinesa também: precisamos apenas pensar além do que é tradicional."

Ela obviamente não achou que eu sabia o que era melhor para o seu filho. Telefonou-me logo depois que ele chegou a Londres. "Xinran", disse ela, "não me importa o que você acha que é bom para o seu filho. Neste momento, meu filho precisa de sua ajuda para desfazer as malas! Você pode, por favor, certificar-se de que ele sabe como pendurar as roupas no guarda-roupa? Você me faria um grande favor."

Não pude acreditar quando o filho dela abriu uma das suas duas malas gigantescas e tirou páginas de instruções sobre "como pendurar roupas", "como fazer a cama" e "o que pôr onde na gaveta de roupas de baixo".

"Como você se virou quando estava na universidade na China?", perguntei a ele.

"Minha mãe vinha ao meu dormitório todas as semanas."

Se nós queremos que nossos filhos cresçam e desfrutem de suas próprias vidas, temos de liberá-los um pouco.

# 15 de outubro de 2004

*Coma-os, pesque-os ou olhe para eles em um aquário. Porém os peixes servem mesmo para explicar a vida.*

"Por que você é tão diferente quando está na mídia?", Pan-Pan, meu filho, perguntou-me uma vez. Achei que era complicado demais para explicar a ele, um estudante de dezesseis anos, a idéia de que "a vida parece diferente através de olhos diferentes". Então eu disse: "A sua mãe na mídia é como um pedaço de peixe servido em um prato à mesa do jantar, depois que foi cortado e preparado pelo cozinheiro. Ainda é chamado de peixe, mas não é um peixe que pode nadar. Assim, a sua mãe real é a que tem cabeça, rabo e ossos, vivendo na água".

"Por que você sempre usa peixes para ilustrar seu ponto de vista?", ele disse.

Por quê? Eu nunca tinha pensado nisso. Tenho de confessar que os peixes sempre significaram para mim mais do que comida, vida animal ou mesmo obra de arte.

Aprendi pela primeira vez que uma mentira pode ser bondosa e bonita em um livro chamado *Minha mãe gosta de comer cabeças de peixe*. Nele, um estudante universitário termina seu primeiro ano de estudos na cidade e quer voltar para visitar seus pais, que são pescadores, em sua aldeiazinha. Ele tenta lembrar-se do que a sua mãe gosta, mas só consegue pensar em cabeças de peixe, porque nunca ouvira sua mãe dizer que gostava de absolutamente nada. E sempre que a família tinha pratos de peixe, ela pedia a cabeça. Portanto, o estudante compra duas cabeças de peixe cozidas para ela em um restaurante da cidade.

Quando chega em casa, sua mãe acabara de jantar e estava tirando a mesa, enquanto seu pai comia a refeição dele no trabalho. O estudante está justamente enfiando a mão na sua sacola para pegar as duas cabeças de peixe cozidas quando vê, para sua surpresa, a mãe jogar cabeças de peixe no lixo.

"Mamãe, você não gosta mais de cabeças de peixe?", ele pergunta.

"Meu menino tolo, ninguém gosta da cabeça ossuda do peixe", diz ela.

"Mas quando eu estava em casa, você sempre me dizia que gostava e me mostrava quanto você apreciava aquelas cabeças ossudas de peixe", diz ele.

A velha mãe olha para seu filho, forte e alto: "Eu sabia que você era um menino muito bom e queria que sua mãe comesse o melhor pedaço do peixe, então eu mentia. Você precisava dele para crescer... Toda mãe gosta de mentir por amor à sua família".

Usei essa bela mentira com meu marido inglês, que adora peixe, enquanto meu filho não come peixe de jeito nenhum. Um dia, estávamos jantando com amigos chineses em um restaurante de frutos do mar em São Francisco. Quando o pedido chegou, meu marido imediatamente cortou a cabeça do peixe e a colocou no meu prato. Meus amigos ficaram chocados e perguntaram-me em chinês: "Você tem certeza de que esse inglês a ama? Como ele pôde dar a você essa cabeça de peixe ossuda na nossa frente?!".

Aprendi como as mulheres chinesas são vistas aos olhos dos

homens com um brinde que eles costumavam fazer à mesa na China: descreve como mulheres diferentes parecem diferentes peixes. Transcrevo-o do meu primeiro livro, *As boas mulheres da China*:

"Amantes são peixe-espada: saborosos, mas com ossos cortantes; secretárias particulares são carpas: quanto mais você as 'cozinha em fogo lento', mais sabor elas têm; as esposas dos outros são baiacus japoneses: provar um bocado pode ser o seu fim, mas arriscar-se à morte é um motivo de orgulho; as próprias esposas são bacalhau salgado: conservam-se por um longo tempo; quando não há outro alimento, o bacalhau salgado é barato e conveniente, e completa uma refeição com arroz."

Durante minha viagem para promover o livro, leitoras de diferentes países disseram-me que esse brinde poderia servir para seus homens também.

Quando as pessoas me perguntam por que tenho tanta sorte em ter tantos bons amigos e oportunidades na vida, respondo que é porque conheço um ditado chinês: "Você não pode manter um peixe vivo em água completamente limpa". Quando alguma coisa me acontece, gosto de analisar por que e para quê, qual é o peixe, qual é a água — e o que eu quero. Se quero o peixe que se dá bem naquela água suja, tento conviver com a água suja; se preciso de água muito limpa, tenho de desistir do peixe.

Há tantas analogias que eu não acho que possa escapar da influência dos peixes na minha vida. Minha mãe menciona peixes freqüentemente quando falamos ao telefone. Quando conversávamos no Dia Nacional Chinês — 1º de outubro —, ela disse: "Tente cozinhar um pouco de pato este mês, antes que eles comecem a comer lama e grama, e enquanto ainda têm um bom sabor por causa dos insetos que comeram no começo do outono. Não se esqueça de cozinhar um pouco de sopa de cabeça de peixe com tofu — é bom para a sua saúde no outono. E acrescente algumas folhas verdes depois de remover os ossos do peixe".

# 29 de outubro de 2004

*Eu pensava que não existiam bons homens chineses, até um breve encontro na estação de Paddington.*

Desde que o meu livro *As boas mulheres da China* foi publicado, perguntaram-me muitas vezes por que não escrevi um livro sobre os bons homens da China. Eu sempre disse que não sou qualificada: minha desculpa é que somente um homem poderia escrever tal livro. Mas existe uma outra razão: uma que jamais conto às pessoas, mas que está sempre presente no fundo dos meus pensamentos. Minhas próprias vivências na China deixaram-me com a sensação de que simplesmente não existem muitos homens bons, pelo menos não segundo os padrões da sociedade civilizada moderna.

Tenho poucas lembranças dos meus avôs. Um deles morreu quando eu era pequena, e o outro mal conheci. Cheguei a conhecê-lo quando ele estava nos seus oitenta anos, através da leitura de seu diário, cheio de história militar mas com pouca coisa sobre a família — embora ele tivesse escrito sobre as suas reservas em relação a casar-se com uma mulher de pés grandes. No fim, ele diz, não se incomodava muito com os pés dela, já que a faziam mais forte e mais capacitada a ajudá-lo em seu trabalho. Li e reli o diário várias vezes, tentando descobrir algo de romântico sobre a minha avó, com quem ele foi casado por cinqüenta anos, mas não havia nada.

Meu pai agiu como um político e como um administrador na vida dos seus filhos. Sempre que meu irmão mais novo ou eu o visitávamos, havia um ritual familiar que tínhamos de observar, e que nunca mudava. Ele nos mandava fazer chá para ele, depois sentar e ouvi-lo: se não acompanhássemos atentamente o que dizia, nos dispensava como "mal-educados". Ele nos perguntava unicamente a respeito de nosso trabalho e de nossas crenças políticas (que tinham de ser as mesmas dele). Não havia perguntas sobre nossas emoções, nossos amigos. Ele então nos mandava para casa e trabalhar duro para o Partido.

Ele se queixava de que minha mãe passava meia hora fazendo compras no mercado dos agricultores todos os dias. "Sou um homem velho. Não devia ser deixado sozinho." Nenhuma menção ao fato de que sua mulher, que servira quarenta anos no Exército, estava casada com ele havia cinqüenta e lhe trazia três refeições por dia, também era uma mulher velha.

Meu irmão é pai de uma menina de catorze anos e marido de uma tímida e adorável mulher. Toda vez que falo com ele por telefone, ele conta o mínimo possível sobre sua vida familiar. Se o pressiono, fica zangado. "Minha querida irmã", ele diz, "você vive uma vida confortável no mundo desenvolvido. Eu estou aqui lutando no mundo *em desenvolvimento*. Não tenho tempo para me preocupar com o que as pessoas pensam, ou com o que se passa pela cabeça das mulheres. Sou ocupado demais para ser o tipo de marido e pai que você gostaria que eu fosse." Eu me desculpava por ele com sua esposa, mas ela dizia em sua voz calma e enérgica: "Não há nada pelo que se desculpar. Como qualquer família da classe trabalhadora, nós não temos dinheiro para gastar passando tempo juntos relaxando e sendo 'românticos'. Se você quer ver gente vivendo vidas românticas na China, tem de ir ao cinema".

Minha sobrinha pensa de maneira diferente. "Meu pai não precisa trabalhar tão duro", diz ela. "É só uma desculpa para poder sair e beber com os amigos dele — e talvez com outras mulheres também. Essa é a vida de um homem. Todo mundo na escola sabe disso."

Recentemente, dois homens contrariaram minha teoria de que existem poucos homens bons na China — tudo no espaço de cinco horas. Primeiro, eu estava plantada embaixo de um dos painéis de avisos de embarque da estação de Paddington, tentando descobrir quando partiria o próximo trem para Bristol e segurando um copo de café. O copo era tão grande que eu não conseguia alcançar o café expresso no fundo dele. Fui inclinando o copo cada vez mais alto, mas ainda assim não vinha nada.

Alguém gritou para mim, mas eu ignorei (afinal, aquela era Londres). Então um chinês correu para mim, tirou o copo da minha mão e gritou: "Sua mulher tola: olhe para as suas roupas!". Fiquei atônita, mas ainda mais embaraçada quando olhei para baixo: minha blusa e minhas lindas calças de seda estavam completamente encharcadas de café.

O homem estava zangado: "Não consigo entender como esses ocidentais de sangue-frio podem ficar olhando enquanto você derrama café em cima de suas roupas sem dizer nada. Acho que simplesmente somos culturas muito diferentes". Eu lhe agradeci, embora discordasse quanto a sermos tão diferentes.

Quatro horas depois, no fim de uma sessão de leitura do meu livro em Bristol, um chinês perguntou-me o que os homens deveriam fazer para mudar ou melhorar a vida das mulheres chinesas. Fiquei comovida com a pergunta; é raro ouvir isso de homens chineses.

Portanto, acho que estava errada quanto aos homens bons da China. Se não existisse nenhum, como poderiam ter crescido tantas boas mulheres na China? Os dois homens chineses que conheci no mês passado plantaram uma nova semente de esperança.

# 26 de novembro de 2004

*Adaptar-se à vida em Londres significa porco assado, meninas em roupas malcheirosas e atendimento automático de telefone.*

Na semana passada, fui a uma "festa de chá verde" com um grupo de mulheres chinesas. Elas falaram sobre a vida que levam em Londres, como todos os anos: disseram que um encontro como esse era sua versão da "*round robin*" [carta circular] ocidental que as pessoas enviam no Natal. A idéia é que elas compartilhem histórias e opiniões, mas a verdade é que acabam compartilhando um monte de queixas. Ainda assim, achei tudo muito interessante e estimulante.

Uma mulher, ex-professora primária na China e mãe de duas crianças, mal podia esperar para começar. Estava inflamada com as frustrações de mudar de casa na Inglaterra. "Acabamos de comprar uma casa", ela disse, "e nem sei explicar como isso é difícil: todos os telefonemas que você precisa dar para conseguir gás, água, uma linha telefônica, a entrega dos móveis, uma permissão de estacionamento... Fiquei maluca. Você tem de agüentar todas aquelas atendentes automáticas, uma lista de perguntas de múltipla escolha e um monte de linguagem técnica antes de ouvir alguma voz humana de verdade. Se tiver sorte, pode conseguir falar com um atendente, mas primeiro tem de entrar na fila e ficar ouvindo uma música horrível por uma eternidade. Se não tiver sorte, você fica andando em círculos até voltar para o menu principal. Será que a vida no mundo desenvolvido significa ficar circulando sem nenhum contato humano? Sinto falta das antigas telefonistas. Sinto falta de discutir com elas como fazia na China onze anos atrás. Era a única ocasião em que você podia falar sem se preocupar com quem estava falando, ou com quem podia estar ouvindo — tão mais humano do que todas essas máquinas falantes ocidentais..."

Uma mulher mais velha, com seus setenta anos, mãe de dois proprietários de restaurante, estava aborrecida com a sua igreja chinesa. "Eu costumava ir a uma igreja muito pequena, e ali tentávamos ajudar um ao outro o tempo todo. Agora vou a uma igreja muito grande, mas todos ficam apenas sentados criticando-se entre si e fofocando. Se não nos preocupamos com os nossos vizinhos próximos, como vamos amar a Deus?"

Outra mulher, mãe de três meninas, cuja família possui diversos fornecedores de comida chinesa para viagem em Londres, achava difícil entender por que suas filhas tinham tantos feriados escolares. "Quanto elas vão poder aprender com todos esses feriados prolongados sem lição de casa? Não há desafios, não há pressão, e todas as classes avançam muito mais devagar do que na China. O governo não parece se dar conta de como essa nova geração é preguiçosa. Já dá para ver isso nas ruas: quantos jovens sabem como cuidar de si mesmos? Quantas meninas se preocupam em se vestir bem? Algumas delas parecem latas de lixo ambulantes, com suas roupas sujas e malcheirosas. Não quero que minhas filhas fiquem assim, mas o que uma mãe chinesa pode fazer para resistir a essa vida moderna?"

Uma artista que estava visitando a filha em Londres disse: "Eu achava que Londres devia ser o centro cultural do mundo, mas os nomes das ruas, das praças, dos edifícios, das pessoas — até os cardápios — são tão maçantes. Todos parecem ter saído da Bíblia — *St. Peter's, St. Paul's* — ou da família real — *Queen A, Queen B*. Não há nada que diga alguma coisa sobre o lugar em si, sua história, ou como foi parar ali: só há realeza e religião. Vejam os cardápios dos restaurantes, que são apenas uma lista de diferentes nomes de animais e de como eles foram feitos. Na China, os nomes em um cardápio referem-se à história local, ao folclore ou à poesia: você nunca verá um prato descrito tão cruamente quanto "porco assado", por exemplo. Mesmo em um minúsculo e miserável restaurante familiar no campo, você tem cardápios bastante descritivos. Por que o Ocidente depende tanto de sua história, mas jamais a traz à vida e à linguagem cotidianas?".

Uma das mulheres não falava a não ser que falassem com ela, e, mesmo então, dizia apenas uma frase em voz suave: "Este ano comecei a comprar em Knightsbridge em vez de Oxford Street". Todas a congratularam, mas eu não tinha idéia do significado daquilo. Alguém explicou.

Segundo consta, quando ela chegou a Londres, quinze anos antes, contava a todo mundo que era possível comprar duas galinhas por £1.99 no mercado atrás da estação de Brixton. Então ela se alçou aos supermercados, depois às *delicatessens* e butiques. À medida que aumentava sua riqueza, também evoluía sua escolha do local de compras. Era um mapa do percurso de sua vida. Um ditado chinês veio-me à cabeça: "A voz de uma pessoa torna-se mais distante à medida que seu valor fica mais alto".

# 10 de dezembro de 2004

*Como a China abraçou todas as luzes brilhantes e a permissividade de uma alegre Missa Maluca.*

"Você já começou a fazer as compras de Natal?" Minhas amigas vêm me perguntando isso desde o começo de novembro, quando a minha cabeça ainda estava cheia com o *Zhong Qiu Jie*, a festa chinesa de meio de outono. Seis semanas antes do aniversário de Deus é um longo caminho a percorrer, pensei.

"Você fazia compras de Natal quando estava na China, antes de 1997?" Fazia um pouco, mas seria difícil chamar aquilo de compras de Natal quando se compara com as centenas de milhares de sacolas de compras que bloqueiam as ruas de Londres. Eu já estava velha demais para compras de Natal, o que aos olhos da maioria dos chineses era considerado como um divertimento romântico ocidental para os jovens.

De fato, as primeiras coisas cristãs, depois que a política de "portas abertas" foi introduzida, não vieram daquelas grandes lojas de departamentos onde os funcionários estavam se esforçando para mudar suas maneiras muito oficiais para algo mais encorajador e comercial; nem das lojas "amigas dos estrangeiros", que vendiam apenas a diplomatas e altos funcionários de fora, que pagavam em dólares. Naquela época, a maioria das coisas natalinas era vendida em mercados cheios de "*xiao shang, xiao faner*" — com ambulantes gritando "o melhor da Missa Maluca ocidental".

Uma vez perguntei a uma comerciante do mercado de Nanjing, uma mulher com seus sessenta anos que usava uma boina vermelha: "O que é Natal? Para que serve?".

"Essa é a data do Deus dos Estados Unidos! Está vendo o meu chapéu? É o chapéu da Missa Maluca deles, os ocidentais gostam da cor vermelha... Eu já me perguntei se isso era verdade depois de todo mundo dizer que os capitalistas gostam de preto; mas como você sabe, aqueles capitalistas ricos são muito coloridos. O dinheiro e a riqueza trazem cores à vida... vamos, compre um, esqueça a sua idade... Nós já perdemos muita coisa." Comprei dela a primeira árvore de Natal da minha vida. Era feita de papel, não era maior que a minha mão e tinha estrelas do tamanho de sementes de gergelim.

Não pensei muito em quão lógica era a sua teoria de dinheiro e cores, mas depois pude ver isso não só nas celebrações das festas como na vida cotidiana melhorada dos chineses. Entre os anos 50 e os 80 os chineses usavam uniformes em azul, cinza e verde militar — mas não preto, porque é capitalista demais e significa má sorte.

O Natal, que se tornou algo grande nas cidades no decorrer dos últimos poucos anos, alegrou a China no inverno. Recentemente vi uma foto da véspera de Natal de uma família chinesa em Tianjing, uma cidade portuária perto de Beijing. Seis membros da família — três avós, dois pais e uma filha — estavam em pé junto a um enorme Papai Noel de plástico ao lado da mesa da ceia; dava para ver as luzes coloridas e as belas cortinas cintilantes atrás deles.

Nas fotografias dos meus pais, antes de terem sido queimadas pelos Guardas Vermelhos, eu jamais tinha visto cores tão ricas, apesar de elas serem pintadas sobre o preto e branco. Mas eles nunca as pintaram com tantas cores assim.

No ano passado, fiz as minhas compras de Natal na China. As ruas da cidade estavam cheias de vermelho, verde e dourado — as cores dançando e reluzindo; vendedores de lojas acenavam bandeirolas, caixas de presentes e anjos; nas livrarias, você podia ver fileiras de luzes coloridas pulando para cima e para baixo, acompanhando a música. É assim durante todo o mês de dezembro.

Minha família e eu fomos passar o Natal na ilha de Hainan no ano passado. Ficamos em um hotel ocidental em HaiKou, a capital de Hainan. Incrivelmente, havia vastas opções de frutos do mar para os hóspedes na véspera de Natal, montanhas de comida, mais de dez cozinheiros em ação, incontáveis garçons, centenas de convivas, música alta, meninas suarentas dançando, pais gritando e crianças chorando.

Pude ver que meu marido tinha desistido completamente de tentar ouvir alguma coisa, ele estava apenas apreciando a comida. Meu filho não conseguia tirar os olhos das roupas de Natal chinesas. Senti-me atordoada com todas as cores semoventes. Precisei de mais do que uns poucos dias para me recobrar daquela rica sensação de exagero. Mas já na manhã seguinte, um Papai Noel chinês deu um monte de doces ao meu marido de sessenta anos durante o café-da-manhã.

"Isso não é justo!", gritou uma amiga minha quando ouviu essa história. "Em um restaurante de ChongQing, uma cidade de 30 milhões de habitantes, Papai Noel veio até o meu filho, que só tem quatro anos de idade, e o presenteou com a conta dentro de um grande saco colorido — sem absolutamente nenhum doce!"

# 14 de janeiro de 2005

*Em 1976, um terremoto na China causou o dobro das mortes do tsunami. Mas não se fala nisso.*

Eu estava na cozinha, cozinhando no *Boxing Day*,\* quando meu filho PanPan veio correndo. "Dez mil pessoas morreram em um tsunami!" Mal pude acreditar, e quando vi as conseqüências na televisão, fiquei terrivelmente chocada: 10 mil vidas ceifadas em uma questão de segundos por uma série de ondas gigantescas. Com o passar do dia, a contagem das mortes subiu para 150 mil, e subindo. Cidades e aldeias foram varridas do mapa, comunidades inteiras arrasadas e milhões ficaram desabrigados, ameaçados por doenças. Fiquei profundamente angustiada quando vi crianças chorando, órfãs do desastre.

A palavra *terremoto* lembrou-me do que ocorreu em Tang Shan — uma cidade industrial perto de Beijing. Em uma manhã de julho de 1976, um terremoto reclamou ali 300 mil vidas, mas quantas pessoas em todo o mundo souberam? A pergunta continua sem resposta, mas o evento ainda está claro como cristal na minha mente.

---

\* Primeiro dia útil depois do Natal, considerado feriado no Reino Unido.

Certa vez, uma sobrevivente descreveu-me os catorze dias de miséria que ela suportou, assistindo impotente enquanto sua filha morria à sua frente. Às quatro da madrugada, a sra. Yang foi acordada por um tremor tão poderoso que partiu seu apartamento ao meio. Ela teve a sorte de estar na metade mais firme, mas sua filha pequena estava na outra metade e caíra quatro andares em meio aos destroços.

Ela desceu pelas escadas periclitantes e começou a procurar pela filha. Em pleno caos de ruídos, a mulher ouviu o choro da filha — a parte inferior do seu corpo estava prensada entre duas lajes de concreto reforçado. Seu marido morrera um ano antes, e a filha era tudo o que tinha: ela não iria desistir.

Fez um grande esforço e os passantes ajudaram, mas a tarefa de levantar concreto não era trabalho para mãos nuas. Portanto, eles esperaram, e esperaram, até que os soldados chegaram, mas eles também não puderam fazer nada, pois não dispunham do equipamento necessário, já que as estradas tinham sido destruídas.

Tudo o que puderam fazer foi dar à menina água e alguma comida. E assim eles esperaram. Esperaram até que mais e mais gente se juntou em solidariedade, até que a voz de sua filha foi ficando mais e mais débil, até que o coração de sua mãe foi rasgado em pedaços. Durante catorze dias e catorze noites a mãe ficou ao seu lado, até que a menininha deu seu último suspiro. Para a sra. Yang, o pesar foi demais para suportar.

Mas essa foi apenas uma das histórias dolorosas em toda Tang Shan. Qualquer um que tenha estado ali deve ter ouvido como o terremoto demonstrou clemência apenas para com uns poucos edifícios que permaneceram de pé, e como o resto desabou, engolindo junto seus habitantes. Fendas profundas abriram-se bruscamente no chão, pessoas adormecidas caíram dentro dos destroços. Estradas se contorceram, a cidade ficou inacessível e a ajuda não podia chegar. Soldados e sobreviventes cavaram com as próprias mãos para tentar salvar os que estavam morrendo; as pessoas continuaram a revirar os destroços mesmo quando suas mãos ficaram enluvadas de sangue, mas somente os que estavam perto da superfície foram afortunados o bastante para serem salvos.

Os dias se passaram, e os que ficaram presos na armadilha pereceram aos milhares, esmagados pelo peso dos destroços ou destroçados pelo vazio da fome.

Foi ficando cada vez mais urgente se livrar dos cadáveres, então os soldados receberam ordens de encharcar tudo — corpos e escombros — com gasolina e atear fogo, a fim de eliminar a ameaça de doenças. Mas o preço psicológico foi alto. Os soldados envolvidos, que entrevistei em 1995, ainda eram perseguidos por aquelas lembranças depois de quase vinte anos.

Ninguém que eu tenha conhecido no Ocidente jamais mencionou o desastre de 1976. O governo chinês esforçou-se enormemente para ocultar o acontecimento, achando que poderia "se virar sozinho" e querendo demonstrar ao resto do mundo que a China era mais forte do que imaginavam. Essa idéia custou vidas. Num momento em que cada par de mãos disponível era necessário para ajudar aquela gente, a China recusou a oferta de auxílio internacional que poderia ter salvado muitas vidas.

O dinheiro reparou a destruição, e o tempo restaurou a população, porém mesmo depois de vinte anos, quando entrevistei alguns sobreviventes, as lembranças do terremoto ainda estavam ali, e talvez jamais abandonem aquelas mentes atormentadas.

Poderíamos oferecer mais do que ajuda internacional aos sobreviventes asiáticos? Sim, eles precisam de apoio para seus corações, para mantê-los firmes durante os anos por vir.

# 28 de janeiro de 2005

*Receber um cartão manuscrito nesta era de computadores é um dos grandes prazeres da vida.*

Mais de um mês se passou e algumas das minhas amigas ainda não se recobraram de seu exaustivo trabalho natalino: escrever dúzias, ou mesmo centenas de cartões (e sempre se arrependendo quando alguém é deixado de fora da lista), carregar pesadas sacolas de compras, embrulhar presentes, armazenar e preparar comida suficiente para sustentar uma grande família por ao menos três dias, arrumar a casa, procurar novas idéias para a festa — e tudo sem nenhuma ajuda de babás e arrumadeiras, que haviam tirado sua folga... de Natal.

Como uma chinesa vivendo no Ocidente, é muito fácil para mim fugir dessas festas, pois os chineses não celebram o Natal ou a Páscoa, assim como no Ocidente não existem os festivais lunares da Primavera e do Meio de Outono. Mas há uma coisa na qual somos muito mais atarefados do que os ocidentais — escrever cartões para todas essas ocasiões. No ano passado, decidi guardar todos os cartões para poder ver e registrar as diferenças de cultura e idioma — e também as personalidades das pessoas.

No último dia de 2004, contei todos os cartões de festas que recebi no decorrer do ano. Descobri que 273 foram de ocidentais e 169 de chineses. A maioria dos cartões de ocidentais era semelhante: nomes e assinaturas com votos impressos em papel de alta qualidade. Somente cerca de trinta têm alguma mensagem manuscrita às pressas, que é difícil de ler (a um deles tive de dedicar mais de três minutos para poder ler uma frase), e sete também continham mensagens da família.

Os cartões chineses eram muito mais variados em qualidade e idiomas — inglês, chinês tradicional e chinês simplificado, e até alguns que eram uma mistura de três ou mais línguas. Mas eu podia ler suas dez frases em três segundos.

Meu filho me perguntou: "Qual foi o melhor cartão que você recebeu em 2004?".

Não levei um segundo para responder. "O cartão de Natal de Shenshen."

Shenshen está estudando produção teatral e dramaturgia na Universidade Royal Holloway de Londres. Ela é a diretora de um espetáculo chamado *China Chopsticks* e trabalha como voluntária para a instituição beneficente Mother's Bridge of Love. Eu fiquei e ainda fico comovida com o seu cartão de Natal em quatro cores.

"Não tenho nada para dar a você como um presente material; gostaria de escrever uma carta com a minha caligrafia como um presente do meu coração. Como uma estudante pobre, este é o melhor jeito de lidar com essa festa cara e com a pessoa que respeito e amo."

A primeira página é verde. Ela me contou por que gosta de verde — ele representa paz, vida, criatividade e o caráter de sua mãe, todo o apoio dela na sua vida solitária nesta terra estranha. A segunda página é laranja, e ela me conta como é inspirada e energizada por amor, calor humano, ocidentais e a MBL. A terceira é amarela, que dá a Shenshen uma impressão de sabedoria e lembra-lhe seu interesse na vida cotidiana das várias culturas diferentes que encontra: às vezes ela não consegue evitar falar chinês com seus colegas de classe não chineses. Na última página, roxa, há alguns votos, com o nome de Shenshen escrito à mão.

Eu sempre respeito cartas escritas à mão, e admiro pessoas que dedicam tempo à família e aos amigos escrevendo em papel, nesta era de escrita uniforme por computador. Sinto falta dessa época. Eu gostaria de ler as cartas como se tocasse as mãos de quem escreveu e visse sua personalidade através da escrita — jamais a mesma, assim como cada um é diferente na vida.

Não sei quantas mães e filhos chineses dedicam tempo a escrever uns aos outros em vez de conversar por seus telefones celulares. Oh, sim, eu sei que os e-mails se tornaram parte das conversas familiares. Mas estou certa de que muitas mães ainda adoram abrir as cartas e os cartões de seus filhos e ler palavras escritas à mão, mesmo que algumas estejam danificadas pela chuva ou pelo chá ou café do autor.

Meu filho, que escreve para mim toda semana em caligrafia chinesa, ouviu em silêncio a história de Shenshen enquanto eu cozinhava para o Natal, depois disse: "Mamãe, posso lavar a roupa em casa durante um ano como um presente de Natal para você?".

"Sim! Não, espere, você está num internato e viaja o tempo todo nos feriados, não é?"

No Natal, recebi um cartão na sua bela caligrafia chinesa: "Pouco dinheiro, grande amor, às crianças chinesas, de PanPan", com uma doação de vinte libras das suas economias para a MBL. E ele tem lavado suas roupas o tempo todo, como sempre.

# 11 de fevereiro de 2005

*Festa do Ovo Triunfante, Dia dos Maníacos Sexuais? Já foi bem difícil entender as comemorações ocidentais.*

Em novembro de 1989, minha estação de rádio teve uma reunião de diretores para discutir quais festas ocidentais poderíamos mencionar no ar. A reunião foi realizada por um diretor de cinqüenta anos que se tornara apresentador de notícias com quinze anos de idade, pois era uma das poucas pessoas que sabia falar mandarim no início dos anos 50, quando a estação foi inaugurada em Henan. Naquela época, a maioria das pessoas conhecia apenas seu próprio dialeto local.

A primeira festa que discutimos foi o Natal, que em chinês soa como "Festa — do Ovo — Triunfante". "O que isso significa? Festa do Idiota Vitorioso? Ou simplesmente usar alguns ovos para uma vitória?", perguntou o diretor sênior quando ouviu a palavra. Todos nós rimos. Em chinês, qualquer adjetivo mais a palavra ovo significa idiota.

Sua ira nos calou rapidamente. "Por que ficam todos tão alegres de ouvir sobre cultura capitalista? Isto é uma derrota para a China. Devemos rir por perder nossa revolução? Vocês estão malucos? Melhoria não é transformar o nosso comunismo em capitalismo. Política aberta não é se abrir para o nosso inimigo. Vocês já pensaram de que lado estão? Já esqueceram de seu dever como ferramenta política? O que estamos fazendo é ajudar as pessoas a obter mais conhecimento do resto do mundo... para que possamos unir todos os povos pobres no mundo contra os malditos capitalistas... e não desistir dos nossos princípios e deveres."

Ninguém ousou dar risada de novo. Nós nunca sonhamos em dizer *não* a um líder político, mesmo que seja pouco instruído e carente de qualquer conhecimento do mundo exterior. Tínhamos todos sido moldados no mesmo formato e na mesma cor — e visão política —, porque tínhamos sido criados com propaganda política. Todos os que trabalhavam na mídia sabiam que contendas podiam causar problemas: se tivesse sorte, você e a sua equipe teriam o salário cortado e o incidente seria registrado na sua ficha pessoal, que permanece com você por toda a vida; caso contrário, poderia ser mandado para a prisão como um contra-revolucionário.

Portanto, a maior festa do Ocidente, o Natal, foi riscada da "política aberta" da nossa estação de rádio (na época em que parti, em 1997, o Natal ainda não havia sido discutido no ar). A festa seguinte a ser abordada foi o Dia de São Valentim — "Dia dos Amantes" em chinês. "Vocês estão vendo por que dizemos que a sociedade ocidental é lixo. Eles não só têm permissão para ter casos amorosos como também dão a esses maníacos sexuais um dia para celebrar. Eles deviam ser mandados para a prisão como aqui na China", disse o diretor sênior.

Sexta-feira Santa. Não sabíamos o que dizer sobre esse feriado religioso, portanto passamos adiante. "Páscoa" em chinês se pronuncia "Festa da Ressurreição de Deus". "Não", ele disse com firmeza. "De modo algum. Nosso grande líder, o presidente Mao, não ressuscitou. Como vamos dizer às pessoas que o Deus ocidental fez isso?"

Ele achou que era injusto o Dia das Mães vir antes do Dia dos Pais no calendário. "Por que o Ocidente ainda é uma sociedade tão matriarcal, apesar de seu desenvolvimento? Está bem, admito que o presidente Mao disse: 'As mulheres ocupam metade do céu'. Então, vamos deixar o Dia das Mães... mas não o valorizem demais. O programa de Xinran tarde da noite será suficiente. O importante é que o Dia das Mães não seja considerado maior que o Dia dos Pais."

Alguém descreveu o Halloween como "o dia anterior a Todos os Santos no calendário cristão, quando, de acordo com a tradição, você pode esperar ver fantasmas e bruxas vagando por aí". Nosso diretor ficou sentado olhando para o teto, sem dizer uma palavra. Todos nós achamos que o Halloween seria desaprovado. Nenhuma superstição é permitida. No dia seguinte, ele entrou na minha sala e disse: "Xinran, você já leu muito. É verdade que os ocidentais podem ver fantasmas e bruxas? Minha mãe contou-me que ela também os viu. Você não vai permitir que outras pessoas saibam o que eu acabei de dizer, vai?".

Depois de um tempo, ele falou de novo. "Como nós somos diferentes do Ocidente. Por que tão diferentes? Se o Deus deles pode nascer de novo, por que o presidente Mao não pôde?" Antes de sair, ele me disse que ia pegar emprestado o único livro sobre religiões ocidentais na nossa estação de rádio. Então saiu, dizendo: "Por que eles dão a uma festa o nome de um idiota vitorioso?".

Quinze natais passaram-se desde então. Mesmo pessoas como eu, que vivenciaram a Revolução Cultural, dificilmente podem acreditar como a vida dos chineses mudou. O "Dia dos Maníacos Sexuais" — ou Dia de São Valentim, ou Dia dos Namorados — tornou-se popular. Não posso imaginar como o meu velho diretor, agora com seus setenta anos, está lidando com a grande velocidade em que a China está mudando.

# 25 de fevereiro de 2005

*O Ocidente arruinou a nossa autoconfiança anos atrás. Agora, finalmente, estamos conseguindo-a de volta.*

Nem posso dizer a vocês o quanto eu estava feliz — e ainda estou — depois de sair da embaixada chinesa em Londres na semana passada. A longa fila, que serpenteava pela rua e estava cheia de gente com cabelos e olhos de cores diferentes, lembrou-me das filas em Beijing para um visto britânico em 1997.

Nós — todos os que, por razões diversas, quiseram dar uma olhada no mundo fora da China — éramos nervosos, ignorantes e assustados: nenhum de nós jamais estivera no estrangeiro, alguns jamais sequer haviam viajado dentro da China. Mal sabíamos quais eram as diferenças entre a China e a Inglaterra, e ignorávamos tudo sobre as religiões, as leis e o sistema social ingleses — sabíamos apenas que se tratava de um "velho e moribundo país capitalista" construído sobre séculos de pilhagens e tráfico de escravos.

Estávamos apavorados com o que os "conselheiros" e "agentes de imigração" tinham a dizer. Eles nos contaram que os ingleses nunca acreditam nos chineses, que iriam nos pôr à prova com muitas perguntas difíceis em inglês, que iriam telefonar para a nossa unidade de trabalho e conferir cada detalhe dos nossos documentos de solicitação de visto. E que, se uma pessoa dissesse "Não sei" quando fosse entrevistada, isso poderia ser registrado como uma marca negra em sua ficha pessoal — que, desde 1949, o governo mantinha para cada membro da população chinesa. Então, você nunca poderia viajar para o exterior.

Nós víamos o mundo através de nossa compreensão chinesa. Porém, sim, nós ainda queríamos correr os riscos, porque achávamos que poderíamos ter mais oportunidades de carreira com um diploma ou treinamento ingleses. A maioria de nós dera-se muito bem na China, e estávamos à procura de novos desafios no Ocidente.

Por fim, entrei na repartição de vistos da embaixada britânica: a sala de espera estava cheia de chineses elegantemente vestidos — que acreditavam que as roupas caras iriam demonstrar serem eles educados. Todos traziam enormes pastas recheadas de incontáveis certificados. Achavam que os funcionários ingleses valorizavam a filiação ao Partido Comunista e os prêmios do Partido como sinal de bom comportamento na China. Os jovens praticavam seu inglês feito loucos.

A voz fria da recepcionista chamava números e advertia as pessoas a não conversar. Senti-me como uma mulher culpada aguardando a sentença. Meu orgulho e confiança foram a pique. Vi uma outra sala vazia, e lá havia cadeiras confortáveis e menos gente — ocidentais conversavam e riam, nem nervosos nem assustados. E nenhuma voz fria interrompia sua tagarelice ruidosa.

Não me senti desconfortável com o que vi, pois estava acostumada a me fazerem pensar que "estrangeiros são respeitáveis". Acho que isso deve ter vindo da Guerra do Ópio, em 1840, quando ocidentais bateram à porta da China com armas e ópio, destruindo nosso espírito e nossa autoconfiança. Mesmo a Revolução Cultural, quando nos foi ensinado que todo capitalista ocidental podia ser um espião, fracassou em obscurecer a noção de supremacia estrangeira.

Uma mulher que entrevistei na China estivera na cadeia por nove anos e meio: ela fora presa em 1969 por agarrar um ladrão — um estrangeiro — em um ônibus de Beijing. Na delegacia de polícia perguntaram-lhe: "Por que você calunia nosso camarada estrangeiro? As pessoas que vêm de países capitalistas fazem coisas ruins na China, como espiões e ladrões. Este homem vem de um país socialista. O que você fez poderia prejudicar nossas relações". A pobre mulher, cuja bolsa fora roubada, foi então posta na prisão por "tentar destruir a grandiosa imagem da China no exterior".

Depois dos anos 80, o Ocidente transformou-se em algo quase divino para muitos chineses, por causa da riqueza dos ocidentais e de sua liberdade para fazer o que quisessem. É por isso que nunca sonhei que chineses devessem ter prioridade em qualquer lugar. Porém, senti que era realmente injusto que eu, uma chinesa detentora de um passaporte, tivesse de entrar na fila junto com estrangeiros na nossa própria embaixada. Afinal, a maioria dos nativos tem tratamento preferencial nas suas embaixadas nacionais.

Por isso, na semana passada, não pude acreditar e não acreditei no letreiro que vi na parede: "Portadores de passaportes chineses podem se dirigir ao guichê 5 sem fila". Não acreditei ao menos até ouvir uma voz cordial que dizia: "Por favor, se você é portadora de passaporte chinês, venha ao guichê número 5".

Oh, obrigada, embaixada chinesa, você fez com que eu me sentisse melhor em ser chinesa. Pude ver admiração nos olhos dos que estavam na fila da repartição de vistos. O povo chinês realmente precisa disso depois de anos e anos vivendo em humilhação e discriminação.

# 11 de março de 2005

*O abismo entre as pinturas ocidentais e as chinesas é tão largo quanto o que existe entre as duas culturas.*

Meu marido adora arte e tentou bastante me aprimorar. Ele gosta de mostrar-me como se pode entender o que é ser pobre olhando para *Um grupo de viagem*, de Celso Lagar, e que as mulheres podem compreender a sensação da derrota na guerra com *Pós-Guerra*, de Lotte Laserstien. Ele compra livros, visita galerias e pendura obras de arte em todas as paredes de nosso apartamento. Entretanto, continuo invariavelmente ignorante sobre obras de arte ocidentais. Não gosto de me sentir assoberbada pelos detalhes nos desenhos ocidentais e pela plenitude de cores ocidental. Quero que me permitam imaginar e vivenciar o sentimento do artista e seus pensamentos do meu próprio modo, guiada pelas linhas simples, pelo uso econômico das cores e pelos espaços vazios das pinturas chinesas e japonesas.

Mas quero compartilhar mais com meu marido: assim, liguei para nosso amigo Lei Lei, artista chinês que compreende as pinturas de ambas as culturas e explora as diferenças em seu trabalho.

"Venha à nossa casa, poderíamos conversar sobre isso durante uma refeição que vou preparar para você." Ele falou com o tom de um homem chinês exigente, mas um homem cozinhando para mulheres é um fenômeno cultural ocidental.

A casa de Lei Lei poderia ser descrita como uma galeria, ou o ateliê de um artista, mas é também um lugar pleno de cultura chinesa. Ele nos recebeu com beijos e abraços ocidentais, enquanto sua esposa Caroline apareceu vindo da cozinha como uma esposa chinesa, de avental e mãos molhadas.

Enquanto Lei Lei cozinhava, deu-me minha primeira aula de arte. Seu conhecimento era embebido da antiga filosofia chinesa — a raiz da arte chinesa —, mas meu nível de conhecimento era pobre demais para entender tudo. Como uma estudante travessa, decidi ir ao banheiro. As paredes ao longo da escada estavam cheias de pinturas. Gostei de quase todas. Dei-me conta de que as que pensei serem chinesas foram pintadas por Caroline, e outras, que pareciam claramente ocidentais, eram de Lei Lei. Como Caroline podia entender a cultura chinesa tão bem, e como Lei Lei conseguia com tamanho sucesso influenciar sua esposa ocidental? Exatamente o que Toby e eu queríamos aprender com eles. Isso era bem mais importante do que todo aquele conhecimento acadêmico. Quando voltei, a aula mudou para estudos de mulheres.

Caroline, então, contou-me a seguinte história em chinês: "Foi anos atrás, por volta de 1990, quando voltei da China. Minha sensação era de que já estava farta de lá. Sentia necessidade de ser verdadeiramente inglesa e de me conectar de novo com minha própria identidade. Foi mais ou menos então que Lei Lei entrou na minha vida, e foi quase como se eu o estivesse castigando pelos sofrimentos que tivera de suportar. Por exemplo, ele falava inglês a maior parte do tempo, quando poderia facilmente ter falado chinês... Em sua luta para ganhar meu coração, ele me convidou e a alguns velhos amigos para jantar. Quando cheguei, ele me disse: 'Quero que você sirva o arroz!'. Seu tom era insistente. Encolhi os ombros e disse que estava bem. 'Também quero que você sirva o chá', ele acrescentou, de um modo autoritário semelhante. Durante toda a refeição, fiz como ele mandou. Servi o arroz e servi o chá, e quando eu fazia isso, ele dava uma pausa na conversa para conferir se seus amigos haviam notado. Senti-me inibida. Notei que toda vez que realizava essas tarefas, ele batia com o nó dos dedos na mesa — como que me repreendendo ou exigindo que eu me apressasse. Quando seus convidados se foram, peguei meu casaco para ir embora também. Lei Lei olhou para mim: 'Qual é o problema?'. Eu quase gritei: 'Não sou sua escrava!'. 'Preciso lhe contar uma história', disse ele calmamente. 'Centenas de anos atrás, viveu um imperador que era extremamente bom no xadrez. Parecia que ninguém era tão bom, até que um dia foi encontrado um camponês que se equiparava ao imperador em habilidade, e assim o imperador nunca poderia ficar enfadado. Entretanto, surgiu um pequeno dilema, quando ambos os jogadores precisavam de um intervalo para uma refeição ou chá. Se alguém jantava com o imperador, não importa quão informal a refeição, tinha de ajoelhar-se e tocar o chão com a testa cem vezes. Isso acabou tomando um tempo exagerado e ficando extremamente irritante. Então o imperador veio com a idéia de o camponês colocar o seu dedo indicador e o adjacente sobre a mesa e bater — como bater os dedos na mesa para exigir alguma coisa em um restaurante de modo rude.' Ficou claro que, batendo os dedos na mesa, Lei Lei estava tocando o chão com a testa cem vezes para mim. Nunca descobri o significado de servir o arroz e o chá. Mas aprendi que, embora seja ocasionalmente frustrante e limitante estar com ele, nunca ficarei enfadada".

# 25 de março de 2005

*Como transpor o abismo entre a pintura chinesa e a ocidental.*

Perguntei ao meu amigo, o artista Lei Lei, se havia uma história que pudesse explicar a diferença entre a pintura ocidental e a chinesa. Ele contou-me duas.

A primeira aconteceu cerca de 1600 anos atrás, quando o grande artista Gu Kaizhi pintou o *Quadro da ode à deusa Luo*. Ele trouxe a concepção da espiritualidade chinesa para a arte, em que a emoção interior é revelada através da figuração.

A pintura referia-se à grande guerra de 200 d.C., quando a China estava à beira de ser dividida. Cao Cao tinha o norte da China sob seu controle. Ele tinha dois filhos: Pi, seu filho mais velho, arrogante e dominante, mais tarde se tornou imperador; Zhi, o filho mais jovem, fez nome como um poeta talentoso e erudito. Embora Zhi nunca tivesse demonstrado nenhum interesse por política, Pi sempre desconfiou dele, procurando desculpas para matá-lo.

A heroína da história, sra. Zhen Luo, era a nora do inimigo de Cao. Era uma beldade lendária, e todos os três homens da família de Cao apaixonaram-se por ela. De acordo com Luo, somente um homem merecia seu favor: Zhi. Entretanto, a vida caçoa das expectativas das pessoas. Depois que Cao venceu a guerra, Pi correu para o palácio do inimigo e raptou Luo. Ela foi forçada a se casar com ele, mas morreu logo depois. Para Zhi, já era suficientemente ruim que sua bem-amada se tornasse sua cunhada, mas então foi separado dela para sempre. Em sua dor inconsolável, ele escreveu a "Ode à deusa Luo".

A ode era sobre um sonho em que ele encontrava a deusa do rio Luo (a encarnação de Zhen Luo). Eles se apaixonam e passam juntos um período mágico. Quando veio a manhã, a deusa relutantemente teve de partir. Montada em seu dragão, ela voltou-se para trás e acenou várias vezes, triste e sofrida.

A pintura de Gu Kaizhi baseou-se na ode de Zhi, e enfatiza o indizível pesar dos amantes, especialmente em seus olhos. Isso joga com o conhecimento literário de quem a vê. A idéia de "transmitir o espírito" então se tornou um princípio na arte chinesa, e tem sido constantemente desenvolvida e enriquecida por gerações de pintores.

A segunda história é sobre um homem que trouxe a pintura ocidental para a China. Castiglione (1688-1776), um missionário jesuíta e um bom pintor, entrou na China em 1715. Seu trabalho foi influenciado pela arte barroca e pelo *chiaroscuro*. Ele foi feito pintor da corte e, mais tarde, participou do projeto do palácio Yuan Ming — o incomparável palácio que foi saqueado e totalmente queimado pelas tropas da coalizão inglesa e francesa em 1860, deixando apenas umas poucas ruínas numa terra desolada nas cercanias de Beijing.

Quando Castiglione pintou o retrato do imperador, este lhe perguntou: "Como é que o meu rosto está metade claro, metade escuro?". A pintura chinesa retrata o sol, não as sombras. Há 3 mil anos, os chineses começaram a inferir a ligação entre o sol e o filho do céu — o imperador. Quando eles não podiam mais agüentar a severa repressão do imperador, amaldiçoavam o sol. Castiglione logo aprendeu com a arte chinesa como usar linhas e ritmo. Combinando a figuração ocidental com o espírito chinês, ele criou um novo estilo de pintura. Se tivesse sido um artista chinês a pintar o rosto do imperador metade preto e metade branco, teria perdido o emprego — se não a cabeça.

# 8 de abril de 2005

*Quando a arte chinesa encontra a cultura ocidental, um mundo secreto é revelado.*

Depois de todas as histórias do meu amigo artista Lei Lei sobre arte e pintura, perguntei se ele havia resolvido a questão de como misturar as culturas ocidental e chinesa em suas obras. Como resposta, ele levou-me para ver seu trabalho para uma nova exposição.

É uma série de faces gigantes. Você poderia descrevê-las como grandes retratos, mas acho que elas têm a intenção de ir além do retrato, rumo a uma obra de arte maior e unificada. Cada obra não retrata apenas a face, brilhantemente desenhada em tinta chinesa sobre papel de arroz. (Isto é extraordinariamente difícil de fazer, uma vez que você não pode raspar ou apagar a tinta depois de aplicada. É muito mais difícil do que a pintura a óleo, ou a pastel. Já tentei uma vez: a tinta escorreu por toda parte — mesmo onde eu não queria — e a toalha da mesa foi completamente destruída. E o que eu pintei? Uma flor que se parecia exatamente com um guarda-chuva quebrado!) Cada obra também contém uma mensagem do modelo sobre o que os visitantes da exposição podem aprender com suas vidas.

A obra de arte inteira é modelada no estilo chinês, cujas origens são extremamente antigas. As faces também emergem de uma janela de papéis maiores contra a colagem. Senti que Lei Lei conversara muito com aquelas faces, com aqueles modelos; eu não consegui imaginar de que outro modo ele poderia desenhá-las em tantos detalhes e ser tão tocado por suas almas.

"A idéia de que a vida de todos tem valor é significativa", disse ele. "As coisas não são sempre como parecem. Por exemplo, a mulher na *chip shop*\* provavelmente viveu durante a Guerra. Pode ter perdido uma criança. Pode ter encontrado uma criança." Percebi que a explicação de Lei Lei dos seus muitos pontos poderia bem avançar madrugada adentro. Creio que a mulher é sempre mais consciente do tempo que o homem: Caroline [esposa de Lei Lei] mencionou que já era meia-noite.

Antes de nos despedirmos, perguntei a ela sobre a exposição de Lei Lei. Orgulhosa do trabalho do marido, ela disse: "No fim, e nem de longe a menos importante, está a idéia de combinar conceitos e idéias antigos e modernos. Nas indicações chinesas tradicionais — o inscrito na imagem e às vezes também, em forma de caligrafia, eventualmente com a idéia toda de que a vida de cada pessoa é um épico — isso pode ser visto. Com certeza algum filósofo inventou isso, ou será original? Outra coisa especial de que creio gostar é que todas as faces parecem estar perscrutando através de uma porta ou janela gigante. A porta ou janela gigante é provavelmente abstrata e cheia de tensões, puxando nossa visão para a frente e para trás e, ao mesmo tempo, a própria face. Essa mistura de abstrato com figurativo é, eu acho, o derradeiro ponto de interesse".

Honestamente, não tenho idéia de o quanto entendo depois

---

\* Loja que vende para viagem o popular prato inglês *fish and chips* — peixe frito com batatas. (N. T.)

de uma aula de umas poucas horas. Pelo que Lei Lei me ensinou, "transmitir o espírito" ou "visualizar o espírito" significa revelar a emoção interior e a implicação oculta através dos meios da figuração; e combinar a figuração ocidental com o gosto e o espírito chineses. Com as pinturas chinesas podemos aprender como usar linhas e prestar atenção ao seu ritmo e encantamento, algo que gradualmente criou um novo estilo de pintura pelas mãos de Castiglione.

Sei que os pintores chineses podiam não apenas usar branco, cinza e preto para desenhar momentos coloridos, como também usar linhas muito simples para inspirar a imaginação, para que pessoas diferentes pudessem ter impressões diferentes da mesma pintura. É uma forma de "arte sinalizada" para qualquer um. As pinturas ocidentais são muito mais "oficiais" — a luz, a cor e as linhas, todos os detalhes foram ditados pelo desenho meticuloso.

"Cale-se!", poderiam gritar para mim, eu sei: afinal, sou alguém que teve apenas algumas horas de aprendizado e ousa falar sobre grande arte e pintura. Eu devia saber que não importa se é arte ocidental ou oriental; antes de você querer atingi-la, tem de subir milhares de degraus.

É quase desnecessário para mim dizer que você deveria dar uma olhada na exposição de Lei Lei. Você seria tocado pelo diálogo entre as culturas ocidental e chinesa, estranho e conhecido, homem e mulher, vida e morte, rosto e alma.

A exposição de Lei Lei, *A vida de todas as pessoas é um épico*, foi exibida no Ashmolean Museum, em Oxford, de 23 de março a 17 de julho de 2005.

# 22 de abril de 2005

*A China é a minha terra natal. Mas hoje em dia — nos bares, nos cafés, nas ruas —, algo se perde na tradução.*

Quando você está em Roma/na China, faça como os romanos/os chineses. Tenho lutado para ser uma verdadeira chinesa na China desde que voltei à terra onde nasci no começo deste mês.

Não consigo mais entender os cardápios: os pratos designados por uma frase tradicional ou pela linguagem moderna comum. "Tocar as mãos através dos cabelos pretos" é o título de uma canção popular, mas também algas marinhas cozidas com pé de porco. "Senhora Verde" é um prato de verduras secas fritas com muito óleo. "Por que 'Senhora Verde' e não 'Senhorita'?", perguntei ao garçom, e ele explicou que "Senhorita Verde" é usado para pratos de verduras frescas (esse é um típico conceito chinês — depois do casamento, as mulheres tornam-se secas e insossas). Enquanto isso, "Um herói não pode passar em um teste de beleza" — a frase tradicional de um poema Tang de 1500 anos de idade — é tofu cozido com carne de vaca. Aliás, se você é homem, não diga que gosta de comer tofu, "*Ai chi dou fu*", para os seus amigos chineses — isso quer dizer que você gosta de sexo.

Não me atrevo mais a ver meus e-mails em cibercafés porque não consigo entender as perguntas: "Qual você gostaria de usar, um que tenha microfone? Uma webcam? Uma impressora digital?". Vejo uma porção de pessoas, não apenas jovens, mas também gente grisalha, falando com "ninguém" em seus computadores, "dançando" em sua expressão corporal.

Na rua, vozes estranhas aparecem: um velho contando uma história de família; meninas cantando; um comandante militar repreendendo um soldado, "Acorde e vá trabalhar!"; um imperador encomendando uma concubina; até a voz do presidente Mao pode ser ouvida: "A República Popular da China destaca-se no mundo". E todas elas são modernos toques de telefone chineses!

Posso ver que me tornei um caso perdido aos olhos dos meus amigos; perdida em ruas que são novas demais para estar no mapa; perdida com a tradução em bares, cafés e restaurantes; perdida nos tradicionais centros de saúde chineses com seus "chuveiros inteligentes", suas "massagens históricas", suas "sopas medicinais gerativas" e seus "chás espirituais".

"Você é muito mais chinês do que eu", eu disse ao meu amigo inglês Tim Clissold, o autor de *Mr. China*, quando nos encontramos em Beijing. Ele riu e contou-me sua experiência em Londres. No ano passado, depois de trabalhar dezesseis anos na China, ele estava pensando em se mudar de volta para a Inglaterra. Mas depois de apenas umas poucas semanas em sua terra natal mudou de idéia, porque não podia dirigir lá — seu estilo era "chinês" demais para as estradas inglesas e o seu carro tinha levado várias batidas.

Da mesma forma, uma passagem de *Mr. China* mostra por que não sou uma chinesa moderna.

Eu tinha acabado de pegar o final da economia planejada, em que Beijing ainda tentava manipular as minúcias da vasta economia da China. Às vezes, podia levar meia hora para persuadir uma recepcionista a me deixar ficar em um hotel. Ela dizia que estava lotado e que não havia quartos disponíveis. De início, eu ficava confuso e ia embora me perguntando onde estariam todos os hóspedes, mas imaginava que, sob a economia planejada, não fazia diferença se um hotel estava cheio ou vazio, e, se houvesse hóspedes, haveria mais trabalho a fazer. Como era tudo propriedade do Estado, ninguém se importava.

Às vezes eu tinha de persuadir um vendedor de uma loja a me vender algo que eu podia ver atrás do balcão; ia a um restaurante e eles me diziam que não havia arroz, ou ia a um bar e eles faziam de conta que estavam sem cerveja. Cheguei a encontrar um restaurante em Xi'an que fechava para almoço. Mas depois de algum tempo, aprendi a sondar e questionar, adular e persuadir — e jamais desistir! Assim, eu entrava em cozinhas de restaurantes sem pedir licença à procura de algo para comer, e subia para os andares de um hotel à procura de um quarto vazio; agarrava o que quer que precisasse atrás de balcões de lojas e vasculhava galpões procurando bicicletas para alugar. Mesmo sair para comprar verduras era um desafio, porém eu sentia certa cumplicidade com as pessoas que encontrava; era quase como se elas apreciassem o jogo de perspicácia, e muitas vezes davam uma risada ou sorriam quando, por fim, desistiam.

Essa era a China de quinze anos atrás. Alguém saberia dizer de outro país que tenha mudado tanto em tão pouco tempo?

# 6 de maio de 2005

*Ainda há estudantes na China para quem os bebês vêm dos umbigos das mães.*

Li uma piada em um jornal quando estive na China na semana passada. Um menino de onze anos pergunta ao pai: "Papai, de onde eu vim?".

"A sua mãe e eu o pegamos em uma rua muito especial", diz o pai numa voz séria.

Então o menino vai até ao avô. "Vovô, de onde veio o meu pai?", ele pergunta.

"Deus sabe que sua avó e eu amamos crianças, então ele enviou uma águia para largar o seu pai, os seus tios e a sua tia em frente à nossa porta, um por um, em ocasiões diferentes."

"Mas por que todos os seus filhos se parecem com você, não com Deus, e como Ele poderia se lembrar de largar crianças de aparência similar na frente da sua porta quando devia estar muito ocupado fazendo isso no mundo inteiro?" O menino não pára de perguntar.

"Ah, mas como Ele é Deus, pode fazer isso. Desculpe, preciso ir." E o avô vai embora, apressado.

Uma semana depois, o pai verifica o dever de casa do filho,

que é sobre a história da família. "O que aconteceu na minha família é muito estranho; não sei por quê, mas as duas gerações anteriores não fizeram sexo nenhum."

Eu gargalhei e gargalhei.

O sexo tornou-se um assunto proibido na cultura chinesa depois do início da dinastia Song, no século x. Tivemos muitos livros sobre o tema, mas eles eram tratados como manuais de saúde para os governantes, e as pessoas comuns nunca tiveram permissão de lê-los.

A maioria dos chineses ainda acredita que pensar e falar sobre sexo é "sujo e pervertido", mesmo entre casais. Durante mil anos, família, escola e sociedade nos ensinaram a pensar assim. Portanto, muitos chineses cresceram em total ignorância.

Quando eu estava entrevistando mulheres na China antes de 1997, grande número delas contou-me que havia tentado usar emplastros para deter o sangramento quando tiveram a primeira menstruação. Quase nenhuma disse que ficou feliz e empolgada ao se tornar sexualmente madura.

E não estou brincando quando lhes conto que, mesmo agora, muitos estudantes universitários acreditam que vieram dos umbigos de suas mães. A China iniciou a educação sexual nas escolas em 2002. Fiquei curiosa por saber quem integraria o primeiro grupo de professores. Disseram-me que alguns eram professores de política — isto é muito bom, pensei, pelo menos os estudantes não vão levar muito tempo para aprender sobre a política sexual quando forem adolescentes. Alguns eram professores de esportes — isto também não é ruim, pensei, eu podia ver a ligação entre esportes e sexualidade, e havia uma ligação poética na cultura chinesa. Mas alguns professores foram forçados a fazer isso porque ninguém mais queria ficar com a tarefa.

No começo, as aulas eram muito constrangedoras, e nem os professores nem os estudantes entendiam a linguagem diplomaticamente escolhida, então as perguntas eram levadas para casa, mas o retorno dos pais era furioso. Como vocês se atrevem a dar ao meu filho uma aula tão suja! Maníacos sexuais!

Para ser honesta, é muito difícil para uma mulher chinesa de meia-idade sentir-se à vontade e natural com isso da noite para o dia. Meu coração começa a bater forte e meu rosto fica vermelho-vivo quando as pessoas mencionam sexo durante minhas palestras. Portanto, mal posso acreditar que nossa instituição beneficente, Mothers' Bridge of Love, decidiu realizar uma exposição de arte intitulada *A série da nogueira — sexo na cultura chinesa.*

Todo mundo ficou chocado quando vimos de relance, pela primeira vez, as pinturas do artista chinês Xu-Zhong. Certa época ele lecionou em Maryland, Estados Unidos, onde reunia alguns de seus estudantes embaixo de uma nogueira. Enquanto a maioria dos alimentos na arte chinesa tradicionalmente transmite um significado simbólico (pêssegos representam longevidade, pinhas representam fertilidade), a nogueira o atraía como um elemento neutro (*qingbai*). Ele encorajou seus estudantes a usar a nogueira como uma fonte inexplorada de criação artística. Isso o inspirou a produzir suas próprias representações de nogueiras, nas quais descobriu uma indefinível expressão de sexualidade.

Foram os voluntários ocidentais [da MBL] que primeiro salientaram: "Essas pinturas são tão *sexy!*". De início, os jovens voluntários chineses ficaram chocados demais para falar, até que subitamente ficaram muito abertos quanto ao sexo.

Eu fiquei bastante preocupada com aquele título pouco chinês e perguntei aos jovens voluntários chineses se devíamos levar as pessoas para ver sexo, mesmo embebido de sutileza chinesa. Eles gritaram: "Vamos, velha Xinran, já é tempo de nós chineses dizermos para o Ocidente: temos um conhecimento sexual muito rico e uma forte sensualidade em nossa cultura".

Eu sei que eles devem estar certos. Por favor, dêem uma olhada, eu adoraria ouvir suas opiniões. Vocês podem me contar em xinran@motherbridge.org.

*A série da nogueira — sexo na cultura chinesa*
foi exibida na Royal China, 13 Queensway,
Londres W2 4QJ, em maio de 2005

# 20 de maio de 2005

*A sala de bate-papo dá às chinesas a chance de se abrir e expressar seus pensamentos.*

Eu nunca estive em uma sala de bate-papo da internet antes — não por algum motivo inteligente, mas por causa do meu sofrível domínio da tecnologia de computadores. Mas me foi sugerido que visitar uma poderia proporcionar-me algum *insight* quanto às mentes das jovens chinesas.

"Ninguém maquia sua opinião, do modo como as mulheres normalmente fazem no escritório, na rua ou até em casa, usando palavras cuidadosamente escolhidas para ocultar seus verdadeiros pensamentos: é como quando você não sabe qual é a verdadeira aparência de algumas mulheres por baixo de sua pesada maquiagem. Mas em uma sala de bate-papo, elas dizem o que querem — nua e muito honestamente", disse-me uma vendedora de livraria em Beijing, enquanto sua mão direita dava repetidas batidinhas sobre os livros — gesto chinês que significa "confie em mim". Então, fiz isso.

A sala de bate-papo chinesa que visitei, www.qq.com, já estava cheia de *Wang-Min* — obcecadas por internet — discutindo sobre a questão de "como encarar casos amorosos". Imediatamente lamentei não ter visitado o site antes. É de fato um bom lugar para encontrar a "liberdade de imprensa" das mulheres chinesas: suas palavras são tão afiadas que poderiam cortar sua mente. "Quem sabe se você não teve um caso amoroso? Você pode garantir que nunca terá um caso amoroso? Não seja ingênua, nenhum amor é verdadeiro, nenhum ser humano é fiel!" — Dama Livre.

"Será que essa 'Dama Livre' iria permitir que o marido dela tivesse uma amante?" — Garota Defensora do Amor.

"Por que não?, se nós dois não queremos ficar presos na armadilha daquele pedaço de papel, a certidão de casamento." — Dama Livre.

"Então, por que você precisa de casamento?" — Garota Defensora do Amor.

"Porque ele significa que podemos dar um nome de família e pais formais aos nossos filhos, como todo mundo faz nesta sociedade." — Dama Livre.

"Entendi, você é uma hipócrita! Você pensa que seus filhos vão ser cegos, ou que eles poderão tolerar seu comportamento revoltante. Eu acho que você não tem absolutamente o direito de ser mãe!" — Garota Defensora do Amor.

"Qual é a diferença entre amigos íntimos e amantes? Realmente não muita. Você precisa de mais de uma pessoa para compartilhar suas aflições e alegrias, e até as necessidades físicas da vida. Por que deveríamos desfrutar nossos corpos apenas dentro do casamento? Emocional e fisicamente, nossas necessidades são as mesmas! O sexo não é só para o amor, o amor não significa só sexo... menininha." — Dama Livre.

"Eu gostaria de ver se sua filha segue seu exemplo, e como você vai se sentir quando ela trouxer diversos amantes para vê-la, ou quem sabe ela poderia ficar com seu amante... Quem sabe o que poderia acontecer com ela, a sua filha? Você é uma mulher perversa!" — Garota Defensora do Amor.

Fiquei deleitada ao ver essas palavras partindo de mulheres chinesas, falando tão abertamente na internet.

Muitas das minhas amigas jornalistas chinesas também são *Wang-Min*. "A maioria de nós só usa essas salas de bate-papo para brincar de 'liberdade', coisa que não podemos fazer em outro lugar. Vamos lá para ter algumas discussões divertidas, para encontrar palavras novas, linguagem fresca, e exercitar nossos cérebros. Porque nossa liberdade esteve tolhida por tempo demais. Não imagino que se possa ter toda a liberdade do mundo de uma vez só, é mais como o sistema imunológico, que precisa ser construído com o tempo", disse uma delas.

A próxima coisa a fazer seria eu tentar algum tópico em uma sala de bate-papo. Fiz uma pergunta muito antiga: "Você acredita que as mulheres chinesas poderiam algum dia ser iguais aos homens?".

As antagonistas surgiram do nada.

"É impossível, até que os homens possam dar à luz um bebê!" — Campainha de Chuva.

"Por que não? As mulheres podem usar seus cérebros flexíveis em vez do trabalho físico do homem!" — Raízes de Árvore.

"Por que precisamos de igualdade? Homens são montanhas, mulheres são água, e a diferença entre eles é boa — não teríamos isso se estivéssemos vivendo em um mundo de iguais. Mulheres e homens não devem ser iguais, para que possamos ter alguma coisa que precisamos e desejamos um do outro." — Banco de Rejeitos.

"Vamos ver essa igualdade em nossa existência básica. Nós precisamos um do outro para a reprodução, para viver. Qual é o significado de ser um homem ou uma mulher? Isso é ditado pela natureza — homens devem ser fortes, até violentos; mulheres devem ser suaves até às lágrimas, o que é uma forma de beleza feminina. Portanto, não destrua esse mundo com sua estúpida igualdade!" — Olhos Celestes.

"Eu me pergunto, poderão mulheres e homens entender-se

algum dia? Por acaso este mundo nos deu alguma oportunidade de ver uma verdadeira igualdade entre mulheres e homens desde a época do Deus ocidental até a Revolução Chinesa?" — Folhas de Perguntas.

As mensagens não pararam de jorrar até que saí da sala de bate-papo chinesa. Talvez esse seja um debate que ainda estará pegando fogo no tempo de nossas tataranetas.

# 3 de junho de 2005

*Meias são um símbolo de status — isto significa que aquelas ocidentais de pernas nuas são todas caipiras?*

"Por que você usa meias compridas no verão?", perguntou-me certa vez um de meus alunos. Nunca ninguém me perguntara isso antes, nem eu havia pensado nisso. "Você sabe, as mulheres ocidentais usam meias compridas no verão somente em ocasiões importantes, ou para ver a Rainha. Mas você usa meias todos os dias, apenas para lecionar — mesmo com tempo quente."

O estudante era um inglês dos seus quarenta anos, que viera para aperfeiçoar sua escrita chinesa. "As suas mulheres realmente não usam meias compridas no verão quando estão em público?", perguntei a ele. "Elas apareceriam em uma reunião formal com as pernas nuas?"

Ele revirou os olhos. Pude ver o que queria dizer: "Todo mundo sabe disso".

Depois, dei-me conta de que o que ele dissera era verdade. Comecei a notar muitas ocidentais sem meias até no frio e úmido inverno londrino. Uma outra professora, que é chinesa da Malásia, disse-me que podia distinguir quem vinha de países menos desenvolvidos pelo fato de usar meias ou meias-calças no verão.

Mas eu sou chinesa. Contaram-me como é importante para nós usar meias, para mostrar que temos uma boa origem. É por isso que meias freqüentemente aparecem nas histórias chinesas.

Durante os anos 60, na zona rural do norte da China, onde a temperatura muitas vezes chega aos vinte graus negativos no inverno, uma jovem ficou tão preocupada em não sujar seu novo par de meias grossas através das solas furadas dos sapatos que perdeu dois dedos dos pés por congelamento, enquanto caminhava para seu casamento. Nos anos 70, no sul da China, onde a temperatura chega a mais de trinta e cinco no verão, uma mulher que ia para uma entrevista em uma fábrica não podia comprar um par de meias finas novas, e teve de usar as meias de inverno a despeito do calor escaldante. Nos anos 80, havia um conhecido letreiro que era pendurado nas portas de algumas das primeiras casas ricas que foram construídas: "Não se preocupe com suas meias furadas, eu também tenho algumas". Pessoas inventavam desculpas para não visitar os amigos, donos de casas belamente decoradas, porque isso significaria tirar os sapatos e expor suas meias surradas. Nos anos 90, a maioria das moças da cidade tinha uma gaveta só para as meias, mas para as do campo um par ainda é um grande presente.

No meu programa de rádio, logo antes de mudar-me para a Inglaterra em 1997, recebi um telefonema de uma mãe e sua filha adolescente. "Xinran, nem sei lhe dizer quanto dinheiro minha filha esbanjou. Ela tem dois pares de luvas para o inverno e compra meias novas todos os anos!"

"Mas eu ainda estou crescendo, e por que deveria usar as roupas desbotadas que você me deu e até suas roupas velhas descartadas? A vida mudou... você não vê?"

"Eu não acredito que se devam desperdiçar as coisas."

"O que eu desperdicei?"

Tive de interromper sua discussão: "O respeito pelos mais

velhos é um dos nossos melhores costumes. Portanto temos de ouvir a mãe primeiro, depois a filha".

"Por favor, pergunte à minha filha quantas mochilas ela usou desde que entrou na escola secundária dois anos atrás, e como ela conseguiu arruinar um par de meias depois de usá-lo duas vezes? Por que desdenham da parcimônia? Por que o pobre é tratado como desagradável?" A voz da mãe era bastante triste.

"Mamãe, por que você não tenta nunca me entender? Eu de fato acabei com aquele par de inverno depressa, mas ele já tinha sido usado por você durante uma década!" A filha então irrompeu em lágrimas.

Este ano alguns amigos em Beijing perguntaram-me: "Por que algumas mulheres estrangeiras não usam meias? Elas são pobres?". Não pude responder às suas perguntas com o meu limitado conhecimento do Ocidente.

"Estou certo de que são todas bem-educadas e não caipiras. Mas por que elas não compreendem a saúde pública, e permitem assim que se exalem cheiros desagradáveis?"

"Elas não se importam de expor dedos feios, não é?"

"É terrível como as nossas moças chinesas também começaram a dispensar as meias em público, achando que está na moda."

"O que você aprendeu sobre a cultura ocidental? Não consegue nem descobrir por que elas não usam meias no verão! Pobre Xinran."

Socorro!

# 17 de junho de 2005

*Não há sentido em se preocupar por estar abatido. A vida tira proveito tanto da alegria quanto do sofrimento.*

Antes de conhecer Qi-Qing, o CEO da Kery Bio-Pharma na China, imaginava-a como "a mulher de negócios uniformizada chinesa". Sua empresa trabalha com biofarmacêutica, medicina preventiva, produtos médicos nutricionais e em pesquisa e produção de uma linha de produtos para a pele à base de algas. Ela acredita firmemente que um empreendimento comercial deve ter uma forte responsabilidade social, e é por isso que a Kery Bio-Pharma vem trabalhando para ajudar a aliviar a pobreza nas regiões remotas da China.

Enquanto esperava por ela sentada no escritório central da Kery em Beijing, imaginei-a como uma típica mulher de carreira chinesa. Dez minutos depois, quando ela ainda não havia aparecido, estava certa de que tinha imaginado sua imagem correta. Mas percebi que estava errada no minuto em que ouvi seus passos. Eles soavam delicados e calmos, bem diferentes dos passos apressados e pesados das mulheres de negócios chinesas mais bem-sucedidas.

Ela cumprimentou-me com uma voz suave e musical. Lembrou-me do que um filósofo chinês disse uma vez: "Umas poucas palavras leves e corretas podem igualar-se a mil palavras duras e poderosas". Muitas empresárias, para fazer seus funcionários trabalharem, só sabem usar palavras fortes, achando que precisam replicar o estilo dos homens.

Então Qi-Qing sentou-se de frente para mim, com os braços sobre a mesa. Suas mãos manicuradas, como duas flores desabrochando e ondulando, abriram um caderno e tiraram a tampa da caneta. Cada gesto era próprio de uma dama.

Fiquei bastante surpresa com ela: seu belo rosto; a pele muito bem cuidada, que não demonstrava absolutamente sua idade; o modo como usava o cabelo, fazendo você tentar imaginar quão comprido seria; o lenço de seda creme com estrelícias em volta do pescoço, combinando perfeitamente com seu suéter azul-marinho.

Essa não é a imagem de uma típica mulher chinesa poderosa, rainha dos cuidados com a saúde, guerreira do mercado e trabalhadora fanática, que nunca tem tempo para pensar na família e em suas necessidades femininas, sem nenhuma queda para a maquiagem ou o estilo. Em vez de perder tempo falando sobre como ser uma mulher de sucesso, simplesmente batemos um papo.

O filho único de Qi-Qing está estudando na Inglaterra para o seu mestrado. Mãe e filho conversam bastante ao telefone. Ele fica muito deprimido com alguns livros escolares ocidentais que falam da China como um país desconhecido. Como a maior parte dos estudantes chineses que vem para o Ocidente, ele não apenas se deu conta de repente de quão diferentes são as duas culturas, como também ficou chocado com quão pouco os ocidentais sabem sobre a China, indo contra tudo o que os estudantes chineses são levados a esperar de seus livros de história e da mídia chinesa.

Pude ver o orgulho nos olhos de Qi quando falou sobre o filho. Ela me disse que não se preocupa por ele se sentir perdido e infeliz, porque acredita que a vida pode se beneficiar tanto com a alegria quanto com o sofrimento. Como exemplo, disse que desenvolveu uma mente forte e um coração caloroso com suas indeléveis e indizíveis experiências de infância na Revolução Cultural.

Perguntei a ela sobre o seu "Jardim de Saúde das Mulheres" — clube feminino que organizou assim que se tornou bem-sucedida, quando mais precisava de dedicação para sua ascensão empresarial. Seus olhos se moveram do meu rosto para a janela, e depois de um momento se voltaram novamente para mim — ela então me disse numa voz muito triste:

"Como você sabe, há muita coisa que mulheres chinesas da nossa idade jamais falam; antes, não podíamos; agora, persistimos em usar nossas habilidades femininas de conversação para sermos boas mulheres aos olhos alheios, boas mães para nossos filhos e boas esposas para nossos maridos, que continuam trabalhando de maneiras tradicionais. Acho que precisamos fazer alguma coisa para ajudar as pessoas a expressar pensamentos dolorosos e raivosos, antes que seja tarde. Mulheres demais pagaram com a saúde e mesmo com a vida por terem ficado em silêncio no passado."

Fiz a ela uma última pergunta: "Qual é a reação de seu marido ao que você está fazendo pelas mulheres?". Sua resposta?

"Podemos não falar sobre isso?"

# 1º de julho de 2005

*As crianças inglesas ensinaram-me que a China tem muito que aprender sobre o prazer de estudar.*

Fui convidada para a "Apresentação Infantil de 2005" em Manchester na última sexta-feira. Como vocês sabem, meu conhecimento deste país é tão pequeno — um grão de areia em um grande deserto — que realmente não entendi o que estava acontecendo ali, mesmo durante a cerimônia de abertura. Agradeci às pessoas no palco, em frente de um público de centenas de pessoas, incluindo governantes locais e um mestre-de-cerimônias, antes de eles apresentarem minha peça, *Enterro celestial*, juntamente com outra chamada *London 1945*.

Não sabia por que eles escolheram *Enterro celestial* para a "Iniciativa de Educação Artística" de Manchester; não sabia que muitas escolas primárias haviam produzido vários espetáculos diferentes baseados em *Enterro celestial* desde setembro último; não sabia como os diretores fizeram aquelas crianças inglesas trabalharem em um enredo histórico como esse, sobre culturas completamente diferentes: chinesa e tibetana.

Fui totalmente sugada para dentro da apresentação de um grupo de estudantes de treze a dezessete anos da St. Pete's RC High

School. Esqueci que tinha sido eu a autora da história, depois de passar oito anos fazendo pesquisa, durante os quais conduzi quase cem entrevistas a fim de escavar e confirmar os trinta anos que uma mulher chinesa passara vivendo no norte do Tibete. No fim, fiquei em pé e me curvei várias vezes seguidas para aqueles atores e atrizes adolescentes, em um palco daquele tamanho pela primeira vez em suas jovens vidas.

Na manhã seguinte, compareci a um ensaio de outra versão de *Enterro celestial*, pelo Centro de Arte Performática Avançada, constituído por trinta escolas primárias e secundárias. Conheci Peter Wilkinson, o diretor de todas aquelas peças para crianças, um homem descrito como "tímido porém louco por arte e trabalhos criativos de crianças". Não tivemos tempo de conversar porque ele ficou dirigindo a peça durante toda a manhã.

"Tomem o palco inteiro quando estiverem correndo na chuva", disse ele. As crianças se espalharam imediatamente, a sua linguagem corporal dizendo "escapar".

"Shu-when, você perdeu Kejun, aquele que você tanto ama: como se sente agora?" Uma expressão triste apareceu no rosto da atriz de treze anos.

"Agora, vocês estão a caminho do Tibete, onde vocês se sentem muito mal com a pressão do ar nas alturas." Todas as crianças no palco gritaram produzindo sons de respiração difícil.

"Comandante, onde estão seus sapatos?"

"Eu esqueci de calçar", respondeu o "comandante" de nove anos.

"Como você pode liderar a viagem ao Tibete sem sapatos?"

"Eu tenho dois pares!", um "lama" de doze anos levantou a mão.

"Qual é o seu tamanho?"

"Quatro!"

"É pequeno demais, ele precisa do cinco."

"Os meus são tamanho cinco, e posso dá-los ao comandante, porque vou ser um carneiro!"

"Obrigado, carneiro! Soldados, vocês não sabem o que está acontecendo com vocês quando alguém é morto do seu lado: vocês estão muito assustados — não ficam lá sentados relaxando e batendo papo."

Todos os soldados começaram a gritar alto de medo.

"Saierbao, sua filha Ni é desobediente, ela não quer se juntar à sua família para rezar, você é a mamãe dela, você tem de ensiná-la..." A pequena mamãe guiou sua filha para as orações da família com gestos de uma verdadeira mãe.

"Ei, corvo, você não pode ficar tirando sua cabeça o tempo todo... Você está vivo!"

Eu ria, e ria, durante horas, com seus diálogos — nunca imaginei que podia ser tão divertido assistir a ensaios de crianças. A maioria dos chineses acredita que só existe uma maneira de trabalhar com adolescentes, que é aos gritos numa voz em estilo militar. Portanto, sempre vi professores furiosos com suas pobres crianças trêmulas preparando seus belos espetáculos na China. Nós pensávamos que gritar era bom para nossas crianças, como parte de sua educação. Eu gostaria de poder passar esta idéia adiante para os pais e professores chineses: acreditem que nossas crianças podem proporcionar um grande prazer quando sabemos como desfrutar as coisas com elas.

"Pássaros, não fiquem aí parados só ciscando, vocês devem voar, voar livres por toda parte para cobrir o céu..." Wilkinson ainda estava agitando os braços, a voz jovial depois de dirigir o ensaio por dez horas.

Dois dias depois, fiquei sabendo que a "Iniciativa de Educação Artística" de Manchester escolheu *Enterro celestial* porque apresentava os alunos a duas culturas remotas. A narrativa também permite colocar uma abordagem idealista do conflito entre a China e o Tibete, possibilitando algum entendimento dos problemas envolvidos sem se alongar demais nos horrores.

Obrigada a todos vocês, membros do elenco de *Enterro celestial* em Manchester, por construir essa ponte cultural entre a China e a Inglaterra.

# 15 de julho de 2005

*Orelhas, lábios, dedos das mãos e dos pés: os homens chineses verificam tudo em busca da esposa ideal.*

Você possivelmente sabe que as chinesas, em sua maioria, não tinham liberdade para escolher seus maridos antes dos anos 40. Eram os homens que faziam a escolha. Às vezes, a mulher era escolhida em uma lista de sobrenomes, permitindo uniões em nome do poder ou dos negócios da família.

Maridos em potencial sempre desfrutaram de um "direito masculino chinês" de inspecionar fisicamente as moças oferecidas pelas classes mais baixas. Isto era considerado um modo eminentemente prático e sensato de escolher uma companheira e criar uma família. Tomei conhecimento do "direito de inspeção física" através de romances chineses clássicos e de livros de história, mas não sabia o que isso significava — e acarretava — até receber um convidado especial no meu programa de rádio, nos anos 90.

Ele era médico. Convidei-o para falar sobre "como conseguir dormir depois de um mau dia". Após alguns telefonemas, a voz de uma velha senhora surgiu na linha: "Você poderia, doutor, aconselhar meu filho sobre como escolher sua esposa por meio da inspeção física?".

"Alô", disse eu para ela. "Posso ver que você ama seu filho e se preocupa muito com o casamento dele, mas tenho certeza de que ele irá encontrar a mulher certa para amar por meio de seus próprios gostos e crenças. Não acho que seja necessário usar a velha tradição da inspeção física para encontrar uma esposa." Tentei interromper sua fala antiquada: por lei, espera-se dos apresentadores que apóiem a voz da revolução e da liberação. Mas, na verdade, eu queria usar a oportunidade para saber mais sobre a inspeção física.

"Escutem!", ela gritou. "Vocês não têm idéia de quão pouco conhecimento chinês tradicional vocês têm, todos vocês. Vocês não sabem como conseguir uma família melhor com esse tipo de conselho."

"Devemos cortar a ligação?", o controlador do programa me perguntou em outra linha.

"Não se preocupe", eu disse. "Pode ser bom para nós aprendermos com gerações mais velhas, desde que não falem contra o Partido. Eu me responsabilizo por isto."

"Vamos, doutor! Você sabe disso como parte dos seus estudos médicos chineses, não sabe?", continuou a velha senhora.

"Hum... sim, eu sei, mas...", ele olhou para mim pedindo permissão.

Sim, por favor, respondi com um aceno de cabeça.

"Muito bem", disse ele. "A inspeção física foi uma parte muito importante da cultura masculina chinesa antes dos anos 40. Os chineses antigos acreditavam que o corpo humano estava repleto de informações sobre a personalidade de um indivíduo e podia ser usado para conferir as moças solteiras. Olhos baixos, sem sorrir: ela pode esconder seus verdadeiros pensamentos. Olhos erguidos, sorrindo: ela pode ser namoradeira. Nariz que parece um gancho: ela pode estar atrás do dinheiro da sua família, mas também pode significar que ela é frugal. Lábios curvos:

ela é muito negativa e irá lhe importunar. Orelhas macias: ela tem o coração mole demais e é excessivamente generosa com dinheiro. Testa alta: ela vem de um ambiente talentoso. Costas curvas: ela poderá trazer vergonha à sua família. Dedos compridos e ambos os mindinhos retos: ela deve ter pernas bonitas. Cadeiras grandes e cintura pequena: ela irá dar à luz um menino além de muitas crianças. Pés pequenos, finos e estreitos: ela deve pertencer a uma linhagem familiar rica, mesmo se for pobre. O segundo dedo do pé mais comprido que o dedão: ela poderá ter um relacionamento difícil com sua sogra. Pele lisa, macia e pálida: ela pode ter uma rica geração passada por parte da mãe."

Mais tarde, quando saímos do estúdio, perguntei ao doutor: "Quantas inspeções físicas você fez até encontrar sua mulher?".

"Nenhuma, ela me foi dada por seu pai, o diretor do meu hospital." Ele revirou os olhos.

"Sorte sua! E quanto à sua sogra? Ela foi escolhida por inspeção física?", perguntei.

"Você quer saber a verdade?", perguntou ele. "Ela tem quase tudo ao contrário das boas características físicas."

"Mas por que seu sogro não usou a inspeção física para seu próprio casamento, se ela era popular na época dele?", perguntei.

"Ele me contou que a mãe dele lhe dissera: 'A melhor forma de escolher uma mulher é se certificar de que ninguém irá querer sua esposa como amante, assim você estará seguro e ficará com ela para sempre'. Foi assim que tentou me persuadir a me casar com sua filha!"

# 29 de julho de 2005

*Ingleses "quebram o gelo" falando do tempo, mas os chineses preferem a comida.*

O tempo é normalmente sobre o que se conversa com os ingleses, como um meio seguro de iniciar uma conversação ou de falar sem ter muito a dizer. Mas e quanto aos chineses? Será sobre comida ou saúde.

"*Ni chi le ma?*" — "Você já comeu?" — é a frase mais importante e também a mais popular em chinês, usada por tudo e por nada — mesmo se você acaba de encontrar alguém na rua à meia-noite. Não é necessário responder precisamente quando você comeu ou o quê: um simples "*Chi le*" — "Sim, comi" — é o bastante. Isto significa: que você não está com fome, logo, que sua vida não é ruim; que você não tem muito mais sobre o que falar; que está com pressa. Mas se você responde "*Mei ne*" — "Ainda não" —, ou "*Ni ne?*" — "E você?" —, significa que quer a atenção daquela pessoa. Se quiser comentar alguma coisa com ela, não necessariamente sobre comida, então pode continuar com "*Wei shen ma?*" — "Por que não?".

"Você parece tão cansado... Você está bem?" Quando você ouvir um chinês dizer-lhe isto, por favor, não se aborreça. Não é que você *realmente* esteja com uma aparência horrível. É apenas nosso modo de demonstrar o quanto nos importamos com você. É um modo de dizer que o respeitamos e admiramos — você é uma grande pessoa, que segue trabalhando e encontrando os amigos mesmo estando tão cansado e com uma aparência horrível...

Tenho certeza de que isto é muito difícil de aceitar para os ocidentais, especialmente se você *está* cansado e se sente de fato horrível, mas não quer que ninguém repare. Pode, na verdade, ser muito constrangedor.

Toby, meu marido, teve um acidente na Argentina quatro anos atrás, quando caiu de um cavalo. Ele quebrou o braço esquerdo, o ombro e uma costela. Antes de ir buscá-lo no aeroporto, eu disse ao estudante chinês que estava morando conosco: "Por favor, tente ser polido e paciente com esse inglês, que deve estar sentindo muita dor e precisa de ajuda". Mas esqueci de adverti-lo das diferenças culturais. O estudante era um rapaz muito gentil, e provavelmente pensou um bocado sobre o que dizer.

"Oh, meu Deus! Toby, você está com uma aparência inacreditavelmente miserável!", exclamou o rapaz assim que entramos no apartamento.

O rosto de Toby caiu. Antes que eu tivesse chance de interrompê-lo, ele prosseguiu com sua conversa polida: "Pobre Toby, seus olhos estão tão contundidos que você parece um panda chinês!".

Os olhos de Toby começaram a arder. Fui para trás de Toby e comecei a agitar os braços: pare, pare! Ele entendeu mal — e continuou: "Sim, posso ver que o seu corpo está inchado, como um grande urso!". Então, para ajudar seu inglês básico, apelou para a expressão corporal, e começou a andar como um urso...

Não sei dizer o quanto Toby ficou constrangido. Mas também me senti assim, porque aprendera algo sobre as diferenças entre as culturas inglesa e chinesa.

Nos meses seguintes, durante a recuperação de Toby, recebi muitos telefonemas e e-mails — meus amigos chineses tiveram realmente uma chance de nos dizer o quanto se importavam. Um amigo ocidental, então, perguntou-me: "Por que seus amigos chineses ficam tão 'empolgados' com os problemas de saúde dos outros?".

Os ocidentais não entendem por que a comida e a saúde se tornaram um tópico tão popular na vida cotidiana chinesa. Isso vem de mais de 5 mil anos de história chinesa. Até onde sei, é preciso retroceder aos registros históricos de cerca de 1300 a.C., quando os soberanos chineses começaram a dizer às pessoas o que podiam ou não podiam falar ou fazer. Crenças e religião? Não, você precisa acreditar somente no soberano. Opiniões pessoais sobre a sociedade em que você vive? Não, você é apenas uma pequena engrenagem sem necessidade de pensar. Sexualidade? Não, isso é privado demais para se comentar. Lei? Nada a discutir, as palavras do soberano são a lei! E assim, a comida e a medicina ocuparam grande parte da cultura chinesa. A maioria dos chineses não lhe trará flores ou vinho ao visitar sua casa, mas muitos tônicos para cada aspecto de sua saúde.

Por outro lado, tenho de confessar: não consigo entender por que os ingleses, vivendo em uma civilização muito mais avançada, ainda escolhem o tempo como um meio seguro de começar uma conversa.

# 12 de agosto de 2005

*Por que homens idosos, que precisam de bengalas para andar, abrem as portas para mulheres saudáveis de meia-idade?*

No fim deste mês, completarei oito anos vivendo em Londres, um sexto de minha vida. Vivenciei tantas coisas nesses oito anos em um país estranho, em meio a tantas culturas diferentes: alegria e tristeza, surpresa e choque... Vou precisar de mais do que três livros para contar a história toda.

Começou no aeroporto de Heathrow. Depois de ficar na fila da alfândega por um longo tempo, passamos mais de meia hora aprendendo como começar a ser uma chinesa independente, que não precisa da ajuda de um estrangeiro só para encontrar a saída certa. "Como se faz para sair deste aeroporto?" "Pela saída." O que isto significa? Finalmente, entramos em um táxi. "Para onde vocês estão indo, querida?", perguntou-me o motorista. Oh, meu Deus, encontramos um maníaco sexual! Entreolhamo-nos assustadas, porque na China só o seu marido e os tarados usam a palavra "querida". "*Hollow*", respondemos friamente. Achamos que tínhamos dito *Harrow*, forma abreviada de *Harrow Road*. Na China, você não precisa acrescentar "*road*" [estrada, rodovia], simplesmente usa o nome em si: "*Hollow*".*

---

* Oco, vazio. Pode, porém, soar parecido com *hello*, olá. (N. T.)

"*Hollow* para vocês também, lindas damas!", retrucou o motorista. "Para onde estamos indo? Vocês têm um pedaço de papel com o endereço [*address*]?" Ele obviamente era um motorista experiente, e parou o carro para tentar nos entender. Só tínhamos andado alguns metros.

"Roupa?", disse minha amiga para mim em chinês. "Eu sei o que significa essa palavra em inglês [*dress*], mas por que ele está nos perguntando sobre as nossas roupas? Acho que encontramos um homem mau. Devíamos sair deste táxi!" Ela estava tão assustada que não podia esperar uma resposta. Eu a segurei com uma das mãos e com a outra passei o pedaço de papel com o endereço para o motorista. Quando chegamos ao hotel, ele nos deixou numa pequena porta traseira. Demos mais de quatro voltas na rua porque não sabíamos ler numerais romanos, mas ele não cobrou a mais. O que tinham nos contado na China não era verdade: de fato, os motoristas de táxi nos países capitalistas são melhores e muito mais profissionais que os nossos motoristas socialistas. Foi a primeira diferença que encontramos, entre o que vimos e vivemos aqui e o que nos disseram na China que veríamos e viveríamos.

Fazer compras não era um passatempo agradável para nós, duas mulheres chinesas com rendimentos chineses. Depois de alguns dias, nosso lustroso cabelo negro, que na China era cuidado toda semana por um cabeleireiro, ficou parecendo capim seco; nossa macia pele asiática, que parecia tão jovem, jamais traindo nossa verdadeira idade, tornou-se áspera e envelhecida; nossos estômagos chineses, que em nosso país sempre foram alimentados com peixes, frutas e verduras frescos, viram-se glutões e pouco saudáveis. Frango congelado, almôndegas e frutas enlatadas tornaram-se parte de nossa dieta diária. O preço que pagamos pelo nosso estilo de vida barato em Londres foi corpos avariados.

Na primeira vez que retornei à China, meus amigos foram

muito honestos. "Oh, meu Deus, Xinran, por onde você andou? Pensei que você tinha ido à Grã-Bretanha, aquele país desenvolvido. Por que você parece que acaba de voltar da empobrecida zona rural chinesa? O que aconteceu com você?"

A diferença de cultura e de costumes fez de fato que me sentisse meio confusa e maluca, mas também me comoveu. No começo, eu ficava muito embaraçada quando as pessoas beijavam gentilmente minha mão ou meu rosto e me abraçavam. Eu não entendia por que aqueles cavalheiros idosos, que precisavam de bengalas só para andar, abriam a porta para mim, uma saudável mulher de meia-idade, sem um rosto jovem e encantador nem uma figura atraente. Fiquei totalmente perdida quando alguns amigos ocidentais salientaram que eu podia "invadir sua privacidade" quando tentei ajudá-los do melhor jeito chinês, que é nunca dizer às pessoas que você quer ajudá-las — apenas faça. Fui comovida até as lágrimas quando um estranho veio e perguntou: "Você está bem? Precisa de ajuda?", enquanto eu observava algumas crianças brincando. Sentia saudades do meu filho, que deixara para trás na China naquele primeiro ano em Londres. Agora estou cercada de amigos de países diferentes e diferentes culturas.

Minha vida mudou bastante. É verdade que às vezes ainda sou tratada como uma refugiada sem instrução, porque sou chinesa. Porém publiquei dois livros em mais de trinta línguas; trabalho para a mídia em vários países; fundei uma instituição beneficente, a MBL, para ocidentais que querem saber a respeito da cultura chinesa, seja porque é parte de suas raízes, ou simplesmente porque estão interessados. Tenho passado uma imagem adorável da Inglaterra como meu segundo lar, para minha família e meus amigos, mas, ao fim e ao cabo, nada pode substituir para mim a China como minha primeira e orgulhosa pátria.

# 2 de setembro de 2005

*Mesmo agora, muitos chineses acham impossível ver Mao como outra coisa além de uma presença sorridente.*

"Posso fazer a rainha rir ou fechar a cara!", gabou-se uma chinesa durante uma festa de estudantes asiáticos no meu apartamento. Ela então usou uma nota de dez libras para mostrar como podia mudar a expressão da rainha, de uma grande risada para uma careta, simplesmente fazendo duas dobras.

"Você já tentou isso em uma nota chinesa com a cara de Mao? Como ele pareceria?", perguntou um convidado ocidental. "Oh, vamos tentar! A cara de Mao deve ficar muito engraçada." Alguns estudantes ficaram bastante empolgados.

Eu também estava curiosa para ver como ficaria a cara de Mao. Nunca o tinha visto fazer qualquer demonstração pública de raiva ou tristeza. Muito embora pessoas diferentes o tivessem pintado, todas o mostravam invariavelmente sorrindo. Perguntei-me algumas vezes se isso era porque ninguém tinha permissão para tirar fotos nos períodos mal-humorados de Mao. Ou se seria porque ninguém tivera a oportunidade de roubar fotos mostrando suas expressões zangadas ou tristes no escritório do Partido Comunista em Beijing, onde entrar envolve obter pelo menos três carimbos vermelhos e o preenchimento de formulários.

Ergui então a mão para dizer aos estudantes que tinha uma nota chinesa com a cara de Mao. Fui impedida pela mulher de meia-idade ao meu lado. "Não seja boba, Xinran", disse ela. "Não deixe que eles desfigurem Mao. Não é bom para você."

"É só uma piada", eu disse. "Um jogo com os jovens. Ninguém iria pensar que estamos fazendo isso por razões políticas. E aqui é Londres, não a China, e somos livres para ter nossas próprias opiniões." Fui buscar a nota.

Ela deteve-me antes que eu pudesse entregar a nota aos estudantes. "Você quer voltar à China novamente?", perguntou.

"É claro", eu disse. "Você sabe que vou para lá mais de duas vezes por ano."

"Você quer ser odiada pelos chineses?"

"Você acha que os chineses vão me odiar por fazer uma brincadeira com a cara de Mao? Você acredita que eles ainda vêem Mao como Deus?" Fiquei surpresa com sua atitude; afinal, ela é uma mulher de carreira vivendo no Ocidente, estava fora da China desde 1992 e constituíra família com um dinamarquês.

"Você foi moldada pela mídia ocidental, que dificilmente tem alguma visão positiva da China e dos chineses. Você volta com freqüência à China: então me diga por que o retrato de Mao ainda está pendurado nas paredes das casas de tantas pessoas, em lojas e escritórios. Você acha que é porque o governo chinês lhes ordena que o exibam, ou porque essas pessoas nunca ouviram os pontos de vista ocidentais? Ou acha que eles não sabem que Mao fez coisas horríveis com seu povo, e o quanto ele prejudicou seu país? Seja honesta com nossa história, Xinran. Eu sei que sua família perdeu gente sob as políticas cruéis de Mao, eu sei que seus pais foram mandados para a prisão durante anos e que você sofreu na Revolução Cultural como órfã. Lamento recordá-la de suas lembranças infelizes. Mas não faça pouco do que Mao realizou pelo orgulho nacional chinês, e por aqueles pobres pais do início dos anos 50. Sinto que isso é injusto com Mao."

Eu a interrompi. "E os milhões de chineses que morreram sob seu regime, por causa das suas políticas, nos anos 50 e 60?"

"Se os ocidentais ainda acreditam que seu Deus é justo depois que ele inundou o mundo para seus próprios fins, ou que George Bush pode invadir o Iraque com números crescentes de mortes por causa de sua campanha pelo bem moral, por que os chineses não deveriam acreditar em Mao, que fez montes de coisas positivas para os chineses mas também perdeu vidas em sua própria missão pelo bem?" Sua voz foi ficando zangada.

"Dê-me isso", disse um estudante, arrancando a nota da minha mão.

"Eu avisei a você, não os deixe usar o rosto de Mao para brincar!" Ela ficou tão zangada que imediatamente foi embora. E eu fiquei tão chocada com sua lealdade a Mao que não pude desfrutar da brincadeira com a cara dele e minha nota.

Algumas semanas atrás ouvi uma notícia. Camponeses perto de Beijing, que faziam campanha desde 2003 para impedir a construção de uma usina elétrica em suas terras, foram atacados, e seis deles mortos, por uma gangue armada. Foi dito que isso fora planejado por funcionários corruptos locais.

Liguei para um amigo jornalista em Beijing a fim de averiguar exatamente o que acontecera. Ele contou-me o que ouviu num noticiário local: "Muitos camponeses feridos seguravam um retrato de Mao e gritavam: 'Isso jamais teria acontecido enquanto Mao estava vivo'".

Tudo isso me fez pensar que seria bastante difícil para muitos chineses mudar a face de Mao em suas lembranças ou em seus corações — mesmo numa época em que seus filhos se divertiam fazendo com sua cara em uma nota uma brincadeira que, quando o próprio estava vivo, os teria mandado direto para a prisão.

# 9 de setembro de 2005

*O ataque cardíaco de minha mãe despedaçou nossos sonhos de finalmente conhecermos uma à outra.*

Estou na China com minha mãe, que teve um ataque cardíaco três semanas atrás. Ela está dormindo na cama número 37 no vigésimo departamento do Primeiro Hospital de Nanjing. Estou olhando para ela enquanto escrevo: sua respiração é mais para fora que para dentro — com cinco tubos ligando frascos pendurados e máquinas ao seu corpo pequenino — e ela está coberta por um lençol.

Vocês não acreditariam que aos vinte anos essa mulher era uma das melhores dançarinas na base militar de Beijing. Seu cabelo grisalho está escondido no travesseiro e parece tão sem vida que ninguém poderia imaginar como ele era nos seus trinta anos, de um preto lustroso elegantemente envolvido em seda brilhante. Suas mãos descarnadas estão perfuradas por agulhas, tornando impossível crer que desenharam tantos projetos de engenharia moderna dos anos 50 até os 90.

Investigo laboriosamente minha memória para escavar as antigas imagens cheias de vida que tenho dela, relembrando as histórias que outros me contaram sobre ela e o que vi em fotos.

Tenho de me assegurar continuamente de que ainda está viva, olhando para aquelas linhas verdes saltitantes e os números vacilantes na tela, os sons do suprimento de oxigênio e das gotas de medicamento.

Nunca em minha vida tive a oportunidade de olhar para minha mãe tão de perto, tão detalhadamente. Trinta dias depois que saí do seu útero, fui mandada para morar com meus avós, como tantos milhões de outras crianças chinesas. Então, quando eu tinha sete anos e meio, fui mandada para uma escola na base militar dos meus pais. Morei com eles por apenas duas semanas antes de começar a Revolução Cultural. Então os dois foram mandados para prisões diferentes. Como crianças na lista negra, "cuidadas" por Guardas Vermelhos, meu irmão mais novo e eu mal os vimos de novo nos dez anos seguintes. Assim fui educada e trabalhei em cidades distantes de onde ela vivia.

Três anos atrás, ela telefonou-me e disse que nunca me dera uma festa de aniversário com a família e que queria organizar uma para mim — sua filha de quase cinqüenta anos de idade.

Infelizmente, isso ainda é um sonho, como tantos outros que temos: fazer uma viagem juntas para ver como a China mudou desde sua infância; visitar parentes em Taiwan e na América, que saíram da China nos anos 40 e dos quais ouvimos falar em conversas familiares, porém jamais encontramos; olhar brinquedos nas vitrines e imaginar com o que gostaríamos de ter brincado se ela e eu fôssemos duas crianças agora, porque nenhuma de nós tivera propriamente uma infância (como filha de um representante capitalista, ela foi pega na guerra civil entre o Partido Nacional e o Partido Comunista); sentar juntas para fazer toalhas de mesa para sua casa em Nanjing e para meu apartamento em Londres, como fazem tantas mulheres chinesas, oferecendo belas obras de artesanato para seus amores e familiares.

Mas acima de tudo, o que realmente queremos é o tempo e

a energia para sermos bravas o bastante para abrir nosso passado uma para a outra. Como mãe e filha, temos tanta coisa que não sabemos uma sobre a outra. Tantos onde, quês e como desde que fomos separadas por todos aqueles anos pela Revolução Cultural. Tínhamos medo de dizer a verdade.

É muito mais difícil para minha mãe. Eu sei de um dos seus segredos: em um armário do seu quarto, ela tem muitos vestidos que lhe foram dados nos anos 70 — ela se recusa a usá-los, assim pode esquecer o passado em que a beleza e o brilho foram substituídos por escuridão e sofrimento.

Não sei se poderemos ou não falar de nosso profundo passado escondido no final da vida dela porque seu médico me disse que ela está fraca demais para ter qualquer conversa emotiva.

Todas as manhãs eu a desperto calmamente para que sua temperatura e sua pressão arterial possam ser medidas. Ela come muito pouco no café, mas eu ainda vou buscar dois ou três jornais e três buquês de lírios para seu novo dia e um novo sorriso. Depois do seu tratamento diário, damos uma caminhada de dez minutos enquanto conversamos sobre as notícias. Fico comovida com sua confiança enquanto permite que eu lave seus cabelos e limpe seu corpo. Ela nunca se queixa, apesar de seu primeiro médico ter cometido um grande erro ao postergar sua cirurgia cardíaca. Às vezes ela até parece engraçada — como uma criança tentando roubar um pedacinho de "carne proibida" do meu prato para sua "alegria glutona".

Oh, minha querida mamãe, por favor, siga com sua vida e suas crenças por nós duas, você e eu. Eu, que sonho ser sua filha, envolvida em seus braços.

Tenho sempre a sensação de que nunca agradeço à minha família e aos meus amigos o suficiente. Gostaria então de aproveitar esta oportunidade para agradecer, de coração, às seguintes pessoas:

Toby, meu marido, que sabe *sim* o que os chineses comem e que compartilhou tanta cultura chinesa comigo.

PanPan, meu filho, que começou a escolher suas refeições chinesas com uma formação de apenas cinco anos de educação ocidental.

Clare Margetson, minha editora no *The Guardian*, que iluminou meu caminho para este livro.

Lucy Clouting, minha diretora no *The Guardian*, que lidou suavemente com meu trabalho.

Todos os "*guardianos*", por permitirem minhas palavras no seu admirável jornal.

Rachel Cugnoni, minha chefe na Vintage, que me encorajou a escrever e também a ter meu velho rosto na capa deste livro.

Elizabeth Foley, minha editora na Vintage, que com sua bondade me ajuda não só na escrita como também em minha instituição beneficente, a MBL.

Audrey Fitt, Sue Amaradivakara e toda a equipe da Random House, que me apoiou muito desde que me tornei sua autora.

Todos os voluntários da Mothers' Bridge of Love na China, no Reino Unido e em outros países, que me ensinaram e apoiaram meu amor pelas crianças chinesas com seus corações; eu não teria sido capaz de escrever essas colunas sem o seu conhecimento e informação.


Desde a publicação de seus livros, Xinran tem recebido um grande número de cartas de mães adotivas de crianças chinesas e de mães chinesas morando no estrangeiro. Em resposta a essas cartas, ela decidiu criar sua própria instituição beneficente, a Mothers' Bridge of Love, para ajudar àquelas mulheres, aos seus filhos e às muitas crianças que vivem em condições de indigência na China.

Mais de 55 mil famílias ocidentais adotaram órfãos chineses, principalmente meninas, desde 1993. Quando crescem, essas crianças perguntam:

"Por que minha mamãe chinesa não me quis?"

Mais de 50% do povo chinês vive na pobreza. Milhões de crianças por todo o país podem apenas sonhar com uma educação decente. Essas crianças perguntam:

"Como eu posso um dia ir à escola?"

Enquanto isso, milhões de crianças chinesas no exterior mal entendem suas raízes. Essas crianças perguntam:

"O que é cultura chinesa?"

A instituição beneficente de Xinran, a Mothers' Bridge of Love, ajuda a encontrar respostas para essas perguntas construindo uma ponte entre a China e o mundo; entre os ricos e os pobres; entre a cultura original das crianças e sua cultura adotiva.

Por favor, visite o *website* da instituição:
www.motherbridge.org

ESTA OBRA FOI COMPOSTA PELO GRUPO DE CRIAÇÃO EM MINION E IMPRESSA PELA GRÁFICA BARTIRA EM OFSETE SOBRE PAPEL PÓLEN SOFT DA SUZANO PAPEL E CELULOSE PARA A EDITORA SCHWARCZ EM MAIO DE 2008